家政婦の歴史

濱口桂一郎

文春新書

1414

はじめに

家政婦、といえば、現代日本人の大部分は、「市原悦子演じる石崎秋子が『大沢家政婦紹介所』の家政婦として上流階級の華やかな暮らしぶりの家庭に派遣され、そこで繰り広げられる陰謀・騒動・醜聞を覗き見し、最後に自分が見聞した事柄を家族全員が集まる席で洗いざらいぶちまけて去っていく」というストーリーの『家政婦は見た！』を思い浮かべるのではないでしょうか。その後、松嶋菜々子演じる三田灯《あかり》や松岡昌宏演じる三田園薫（家政夫）のバージョンもありましたが、やはり家政婦といえば市原悦子の顔が思い浮かびます。

ところが２０２２年９月29日、その家政婦をめぐってある裁判の判決が下され、新聞等マスメディアで注目されることになりました。それは、家政婦がある家庭に泊まり込みで７日間ぶっ通しで働いた後に急性心筋梗塞又は心停止で亡くなったことを過労死だと訴えた事件だったのですが、東京地方裁判所は原告（亡くなった家政婦の夫）の訴えを退けたのです。その理由が、（細かいことを省略すると）確かに長時間労働はしていたけれども、家政婦は家事使用人であって労働基準法や労災保険法の適用を受けないから、というものでした。

家事使用人とは、個人家庭に雇用されて家事に従事する労働者のことで、労働基準法第116条第2項に「この法律は、同居の親族のみを使用する事業及び家事使用人については、適用しない」とあるので、労働基準法も労災保険法も最低賃金法もすべて適用されない、ということになっているのです。

それはおかしいのではないか、憲法違反ではないか、というのがこの裁判の原告側代理人であった指宿《いぶすき》昭一、明石順平という両弁護士の主張でしたが、東京地裁の裁判官はそれを一顧だにしませんでした。多くのマスコミも、この枠組みを前提にして、それがいいとか悪いとかといった論評を繰り返しましたが、そこを一歩踏み込むような報道は見当たりませんでした。

私は東京大学の労働判例研究会の末席に名を連ねており、年に2回くらい判例評釈の当番が回ってくるのですが、12月16日の研究会でこの判決を取り上げ、そもそも家政婦は労働基準法が適用除外している家事使用人ではなかったのだと指摘をしました。これは、研究会のメンバーにとっても意想外だったようで、いろいろと議論が弾みました。しかし、労働法学の本流からすると余りにも周辺的な話題だったためか、特にその後議論が展開するということにはなっていません。

実はこの問題は、掘り返せば掘り返すほど様々な論点が芋づる式に次から次に湧き出てくる大変興味深いテーマなのです。一見、今日の労働問題の議論の焦点からはかけ離れた好事家的な話題のように見えて、その実は戦後日本の労働法制の根本に潜む矛盾を一身に集約するような問題でもあります。

この「はじめに」の冒頭の『家政婦は見た！』の解説（「市原悦子演じる……去っていく」の部分）は、実はWikipediaの文章をそのまま引用したもので、そこには（恐らく記述者も気が付いていないであろう）矛盾があるのですが、それがなんだかお分かりになるでしょうか。その矛盾こそが、本来家事使用人ではなかった家政婦を家事使用人だとして、労働基準法や労災保険法の保護を剥奪してしまった根源に関わるものなのだといえば、びっくりするかも知れません。

原告側も被告側も裁判官も含めて、今回の家政婦過労死裁判の関係者の恐らく誰一人も気が付いていないであろう、この問題の根源を探る歴史の旅路に、これからひとときお付き合いいただければ幸いです。

家政婦の歴史◎目次

序章　ある過労死裁判から

１　国・渋谷労働基準監督署長（山本サービス）事件

話の始まりはある過労死裁判です。判決文から事件の推移を再構成しましょう。主人公は家政婦のＡさん（当時68歳）です。彼女は訪問介護事業及び家政婦紹介所を営むＢ社（山本サービス）に、家政婦兼訪問介護ヘルパーとして登録され、就労していました。彼女の夫が原告Ｘさんです。

Ｂ社は１９７９年10月１日の設立以降、有料職業紹介事業の大臣許可を受けて家政婦等の紹介斡旋業を営んできましたが、２０００年４月に介護保険制度が開始された後は、介護保険事業者として、居宅介護支援、要介護者等の日常生活における訪問介護サービス等も併せて行うようになりました。２０１３年８月18日、ＡさんはＢ社に家政婦として登録し、同月20日にＢ社との間で非常勤の訪問介護ヘルパーとしての労働契約を締結しました。ＡさんはＢ社に登録した後、特別加入団体の構成員として政府の承認を受けておらず、特別加入による労災保険の適用も受けていませんでした（詳しい説明はあとでします）。

Ａさんは、重度の認知症で寝たきりのＣさん（当時93歳）宅で家政婦兼訪問介護ヘルパーとして勤務していた同僚家政婦Ｄさんの休暇取得の代替要員として、２０１５年５月20日から同月27日までの１週間、Ｃさん宅に泊まり込んで、家政婦として家事及び介護を行う（これが「家事業務」）とともに、訪問介護ヘルパーとして訪問介護サービスを提供しました（これが「介護業務」）。

Aさんは午前0時から午前5時までの休憩時間を除く19時間を家事業務及び介護業務の時間として指定されていましたが、このうち、介護業務に係る労働時間は、午前8時から午前9時40分まで、午後0時から午後1時10分まで、午後3時30分から午後4時40分まで、午後8時から午後8時30分までの合計4時間30分／日とされ、それ以外が家事業務の実施時間とされていました。AさんはCさん宅の業務を終えた２０１５年5月27日、都内入浴施設のサウナ室で倒れ、搬送先病院で急性心筋梗塞又は心停止により死亡が確認されました。

それから2年後の２０１７年5月25日、Aさんの夫であったXさんは渋谷労働基準監督署長に対し、Aさんの死亡はB社の業務に起因するとして労災保険法に基づく遺族補償給付及び葬祭料を請求しました。これに対し、渋谷労働基準監督署長は２０１８年1月16日、Aさんは家事使用人として介護・家事に従事しており、労基法第１１６条により適用除外され、労災保険法も適用されないとして、不支給とする処分を行いました。

これに対して２０１８年4月2日、Xさんはこの不支給処分を不服として審査請求しましたが、同年9月4日、東京労働者災害補償保険審査官は審査請求を棄却しました。さらに同年10月16日、Xさんは再審査請求をしましたが、２０１９年９月11日、労働保険審査会は再審査請求を棄却しました。こうして遂に２０２０年３月５日、Xさんはこの不支給処分の取消を求めて本件訴訟を提起し、２０２２年９月29日に東京地方裁判所がその判決を下したわけです。

裁判の論点は多岐にわたっていますが、本書の関心事項からすると、訪問介護ヘルパーとして訪問介護サービスを提供した時間は過労死認定の算定基礎となる労働時間になるけれども、家政婦として家事及び介護を行った時間はそうならない、と判断した部分が重要です。この７日間のうち、前者の介護業務の労働時間は31時間30分にとどまりますが、後者の家事業務（介護も含む）は１０１時間30分で、そこから週法定労働時間40時間を差引いた週61時間30分を月換算すると、月当たり時間外・休日労働時間は２７２時間強となり、いわゆる過労死認定基準を充たすことになるからです。

なぜ、同じCさん宅でCさんのお世話をする家事・介護業務でありながら、このように両者を分けるのかといえば、前者におけるAさんの使用者がB社であるのに対して、後者における使用者はCさん（あるいはCさんの息子）であり、前者におけるAさんの地位が普通の会社に雇われて働く労働者であるのに対して、後者におけるAさんの地位は個人家庭に雇われて働く家事使用人だから、という理屈です。

Xさんの代理人は、そもそも家事使用人の適用除外が憲法違反だという主張に加え、介護保険法の通達も引用して、家事業務と介護業務は明確に区別されず、一体として提供されていたのだから、いずれもB社の業務に当たると主張したのですが、裁判官は契約は別々だったと一蹴しています。ここもそれなりに重要な論点ではあるのですが、原告側も被告側も裁判官もこうした問題の次元でしか物事を論じていません。判決文から推測する限り、彼らの誰一人として全く気が付いていない重要な問題がここには伏在しているのです。

2　そもそも家政婦は家事使用人ではなかった！

本事件において、Xさんの側は、Aさんの介護業務と家事業務が区分できず、一体としてB社の業務に従事していたという主張を（介護保険制度を援用しつつ）しており、さらに家事使用人の適用除外が憲法違反だという主張をしていますが、家政婦の家事業務自体が家事使用人に該当するという点は疑っていません。しかしながら、一民事訴訟としては当事者の主張の範囲内でしか議論の余地はないにしても、法政策論の観点からはそこに大きな論点がありました。結論を先に言えば、今から76年前の１９４７年9月１日に労働基準法が施行された時点において、家事使用人は確かに労働基準法の適用除外ではありましたが、家政婦は労働基準法の適用を受けるれっきとした労働基準法上の労働者であったのです。

現在の労働基準法では、家事使用人の適用除外規定は第１１６条第２項に規定されていますが、１９９８年改正以前は適用事業を定めた第８条の柱書の但書に規定されていました。施行当時の同条の規定を掲げておきましょう。

（適用事業の範囲）

第八条　この法律は、左の各号の一に該当する事業又は事務所について適用する。但し、同居の親族のみを使用する事業若しくは事務所又は家事使用人については適用しない。

一　物の製造、改造、加工、修理、浄洗、選別、包装、装飾、仕上、販売のためにする仕立、破壊若しくは解体又は材料の変造の事業（電気、ガス又は各種動力の発生、変更若しくは伝導の事業及び水道の事業を含む。）

二　鉱業、砂鉱業、石切業その他土石又は鉱物採取の事業

三　土木、建築その他工作物の建設、改造、保存、修理、変更、破壊、解体又はその準備の事業
四　道路、鉄道、軌道、索道、船舶又は航空機による旅客又は貨物の運送の事業
五　船きよ、船舶、岸壁、波止場、停車場又は倉庫における貨物の取扱の事業
六　土地の耕作若しくは開墾又は植物の栽植、栽培、採取若しくは伐採の事業その他の農林の事業
七　動物の飼育又は水産動植物の採捕若しくは養殖の事業その他の畜産、養蚕又は水産の事業
八　物品の販売、配給、保管若しくは賃貸又は理容の事業
九　金融、保険、媒介、周旋、集金、案内又は広告の事業
十　映画の製作又は映写、演劇その他興行の事業
十一　郵便、電信又は電話の事業
十二　教育、研究又は調査の事業
十三　病者又は虚弱者の治療、看護その他保健衛生の事業
十四　旅館、料理店、飲食店、接客業又は娯楽場の事業

十五　焼却、清掃又は、と殺の事業
十六　前各号に該当しない官公署
十七　その他命令で定める事業又は事務所

はい、確かに、「この法律は……家事使用人については適用しない」と明記されています。良いか悪いかは別として、日本国の実定法上、家事使用人が労働基準法の保護から排除されているということは、過去76年間一貫した事実です。しかしながら、その家事使用人とはどういう人が含まれ、どういう人が含まれないのか、ということについて、まともな議論が行われた形跡も、過去76年間にわたって見当たらないのです。しかし、議論はなくても、法令の文言ほど確かなものはありません。

上に引用した施行時の労働基準法第8条の最後に第17号として「その他命令で定める事業又は事務所」というのがあります。この命令に当たるのは、労働基準法と同時に施行された労働基準法施行規則（厚生省令第23号）です。そして、施行当時のその第1条には、上記労働基準法第8条第17号を受けて、適用事業が次のように列記されていました。

第一条　労働基準法（以下法という。）第八条第十七号の事業又は事務所は、次に掲げるものとする。

一　弁護士、弁理士、計理士、税務代理士、公証人、執行吏、司法書士、代書、代願及び獣医師の事業

二　派出婦会、速記士会、筆耕者会その他派出の事業

三　法第八条第一号乃至第十五号の事業に該当しない法人又は団体の事業又は事務所

ここに「派出婦会」というのが出てきました。これは一体何なのでしょうか？　労働基準法施行後76年間に膨大な量の労働基準法の解説書や注釈書が積み重ねられてきましたが、この「派出婦会」の「派出の事業」が何を指しているのかを明確に論じた文章は、残念ながらただの一つも見つけることができませんでした。戦後日本の労働法学者や労働関係者にとって、これはそれほど関心のないことであったのでしょう。

しかし、この言葉は戦前から戦中にかけての書物や雑誌ではちょくちょく見かける言葉なのです。ざっくり言えば、ここに出て来る派出婦会というのは、派出婦会、家政婦会

等々の名称で戦前の１９２０年代から拡大し、１９３８年の改正職業紹介法により労務供給事業の許可制が導入されると、その下で運営されるようになった事業のことです。同法に基づく労務供給事業規則の別表様式の所属労務者名簿や労務者供給簿の備考欄には、職種の例として、大工、職夫《しょくふ》（臨時工と異なり、職工の身分を持たない非正規工場労働者）、人夫《にんぷ》（日雇肉体労務者）、沖仲仕《おきなかし》（港湾荷役労働者）、看護婦、家政婦、菓子職が列挙されており、派出婦会は典型的な労務供給事業だったのです。

　労働基準法が施行された１９４７年9月1日時点では、なお職業紹介法とそれに基づく労務供給事業規則が生きており、従って派出婦会は全く合法的な事業でした。同時に施行された労働基準法と労働基準法施行規則は一体として、「家事使用人は労働基準法の適用除外だけれども、派出婦は労働基準法の適用対象である」という認識を明白に示しているのです。労働基準法の施行当時労働省労働基準局監督課長であった寺本広作の著書『労働基準法解説』（時事通信社、１９４８年7月刊）においても、その１７２ページで家事使用人について次のように述べた後、

　家事使用人についてはこれが女子労働者中に占める割合も多く、その使用関係には

封建的色彩の濃厚なものがあるが、その労働の態様は本条に列記された各種事業における労働とは相当異つたものがあつてこれを同一の労働条件では律し兼ねる場合が多い。又先進諸国に於ても家事使用人の労働条件に関する立法例が極めて少いので、この法律制定の際には幾多の論議を重ねつヽ将来の研究問題として残されることになつた。

その数行先で、何のためらいもなくこう述べていることからもこのことは明らかです。

命令で定める事業又は事務所としては施行規則の第一条で弁護士弁理士等の自由業、獣医師の事業、派出婦会等の如き派出の事業及び第一号乃至第十五号の事業に該当しない法人又は団体の事業又は事務所が指定された。

労働基準法施行規則第1条に列挙されている多数の事業の中から取り上げた少数の例示にわざわざ「派出婦会」を明記していることからしても、労働基準法制定担当課長にとって派出婦が家事使用人に該当しないことは明らかなことであったと思われます。

ちなみに、１９４７年8月12、13日に東京で開催された労働基準法施行規則案に関する公聴会には、使用者側代表の一人として、東京派出婦会組合も招待されていますし、同月15日に大阪で開催された公聴会には、やはり使用者側の出席者として大阪府看護婦会組合が載っています。いずれにおいても規則第1条は全く議論になっていませんが、派出婦会がれっきとした使用者であり、そこから派遣される看護婦や家政婦が労働基準法の適用対象であることは、行政も労使も誰一人疑問を抱くことのない常識中の常識であったことが窺われます。

この事態が少し変わったのは、同じ1947年の12月1日に職業安定法が施行され、翌1948年2月末を以て労働者供給事業が（労働組合以外は）すべて禁止されたことです。これにより、労働基準法施行規則第1条第2号の派出婦会というのは違法の事業となってしまいました。しかしながら、当該事業が違法であることは当該事業で働く労働者に労働基準法が適用されることに何ら影響を及ぼすものではありません。

そもそも上記寺本の名著は派出婦会が違法化された後の1948年7月に刊行されていますし、1950年3月に労働基準局長として刊行した『改訂新版労働基準法解説』においても、上記記述を一字一句変更していないのです。監督課長としても、労働基準局長としても、寺本にとっては、家政婦は家事使用人ではないという認識に何の変化もなかったのです。

3　家政婦が家事使用人にされてしまったわけ

では、いつから家政婦は家事使用人になってしまったのでしょうか。そのわけは、労働者供給事業を全面禁止する職業安定法が1947年12月1日に施行され、その3か月後の1948年2月末を以て派出婦会が違法の存在になってしまったことを受けて、その法律上の位置づけを変えてしまったからです。どう変えたのか？　労働者供給事業ではなく、有料職業紹介事業だということにして、その生き残りを図ったのです。

本来、労働者供給事業と有料職業紹介事業はそのビジネスモデルが異なります。労働者供給事業とは、供給元事業者が所属労働者を自分の手許に置いておいて、注文がある都度、その労働者を供給先に供給＝派出＝派遣して、その料金を受け取り、そこから労働者への賃金を支払う仕組みです。今日の登録型労働者派遣事業に当たると考えればほぼ間違いはないでしょう。

それに対して、有料職業紹介事業とは、求職者を求人者に紹介して、うまく就職すれば手数料を受け取る仕組みです。労働市場の仲介ビジネスという点では類似の事業ではありますが、ビジネスモデルとしては明確に異なるものです。ここで参考までに、有料職業紹介事業、労働者派遣事業、労働者供給事業、請負事業のビジネスモデルを図解しておきます。

最大の違いがどこにあるかというと、有料職業紹介事業者が求職者と求人者の間を斡旋するだけの第三者にすぎないのに対して、労働者供給事業者は供給労働者に対して一定の支配力を行使する存在であるということです。それゆえ、施行時の労働基準法は、供給業者である派出婦会を労働基準法上の使用者であると規定したのですし、１９８５年の労働者派遣法によりそれまで禁止されていた労働者供給事業が労働者派遣事業として解禁された時に、派遣元事業者が使用者責任を負うという法制度が設計されたのです。

しかし、終戦直後の日本では、連合国軍総司令部（ＧＨＱ）が絶対的な権限を振るっており、その意向に逆らうことは誰にもできませんでした。労働者供給事業の禁止は、当時ＧＨＱ経済科学局労働課で職業安定行政を担当していたスターリング・コレット人的資源班長の強い信念に基づくものであり、それゆえ、派出婦会を生き残らせるためには異なるビジネスモデルの仮面を被るしかなかったのでしょう。

しかしそのために、本来派出婦会に所属して個人家庭に派遣されて働く家政婦が、個々の個人家庭に直接雇用されて働く者という位置づけに変わってしまい、その結果労働基準

図１　有料職業紹介事業

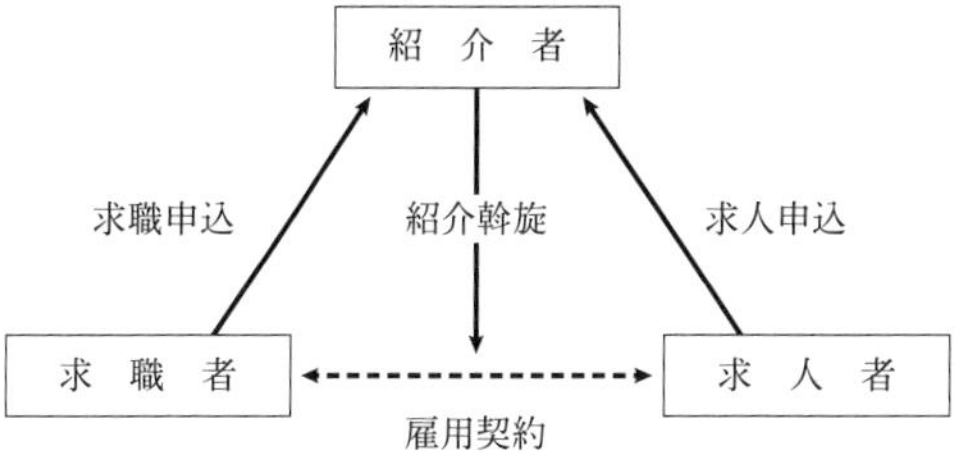

図２　労働者派遣事業

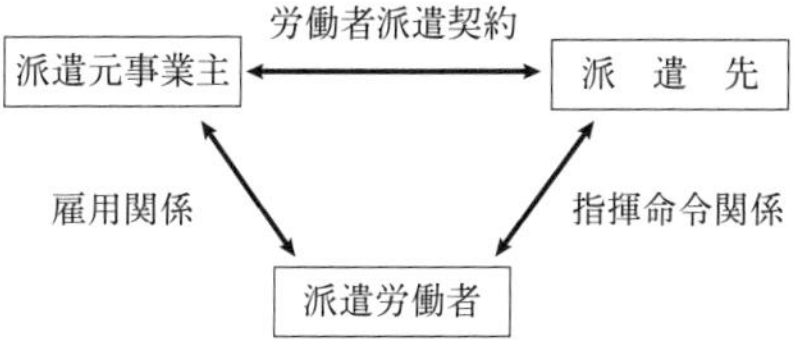

図３　労働者供給事業

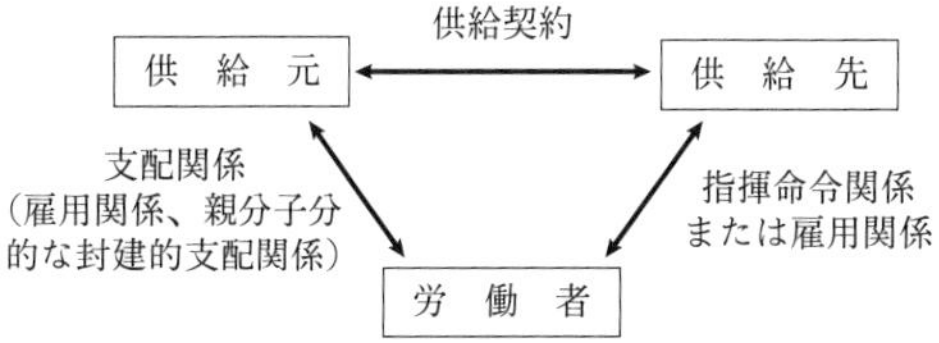

図４　請負事業

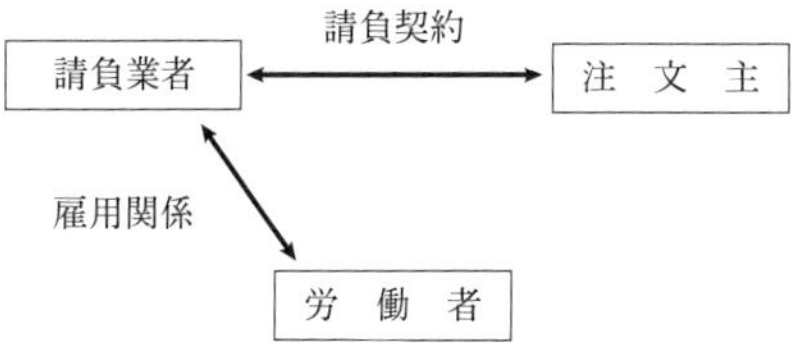

法が適用されない家事使用人だとされてしまうことになったのです。労働基準法施行から75年後になって、労働基準法を作った人々にとって想定外の事態が発生することになった原因は、実にここにあったのです。

とはいえ、法律上の形式は変わったとはいえ、実際のビジネスモデルにはほとんど変わりはありませんでした。戦前来の派出婦会は看護婦・家政婦紹介所という名称でほぼ同様の事業を継続していったのです。看板には「職業紹介所」と謳っていながら、その実態は紹介所附属の寄宿舎に多くの家政婦を住まわせ、個人家庭からの注文を受けてその都度臨時的に派遣しては終わってすぐ戻ってくるというビジネスモデルであって、実態は限りなく労働者供給事業そのものであったといえます。

「はじめに」の冒頭で引用した『家政婦は見た!』の解説を思い出して下さい。「市原悦子演じる石崎秋子が『大沢家政婦紹介所』の家政婦として上流階級の華やかな暮らしぶりの家庭に派遣され、そこで繰り広げられる陰謀・騒動・醜聞を覗き見し、最後に自分が見聞した事柄を家族全員が集まる席で洗いざらいぶちまけて去っていく」。「紹介所」といいながら「派遣」していると堂々と書いていますね。

そもそもこの番組の中では、石崎秋子は大沢家政婦紹介所に寝泊まりし、毎回紹介所に所属する家政婦たちがちゃぶ台を囲んで派遣先の噂話で盛り上がるシーンが流れていました。どこをどう見ても、たまたまやってきた求職者をその都度求人者に紹介しているだけの紹介所とは思えません。そう、これは戦後75年間、誰もが承知していながら、誰もわざわざ指摘しようとしてこなかった「王様は裸」の物語です。それでものごとがうまく廻っているうちはいいのですが、今回の家政婦過労死裁判は、その矛盾をもののみごとに露呈してしまったというわけです。

本書はこういう複雑怪奇な事態をもたらした家政婦をめぐる過去１００年間の日本の労働法制の歴史をたどることによって、社会の片隅で必死に生きてきた家政婦たちの姿に思いをはせていきたいと思います。

戦後80年近くにわたって、労働法学者や労働関係者からまともに議論されることもなく放置されてきた彼女らの歴史を、戦前におけるその源流に遡って描き出すことが、この小さな本における私の小さな願いです。

第1章　派出婦会の誕生と法規制の試み

1　派出婦会の始まり

１９４７年９月１日施行の労働基準法施行規則第１条第２号に規定された「派出婦会」というのは、いつどこで誰が始めたかを明確に指し示すことができる戦前のニュービジネスです。いつ？　１９１８年（大正７年）に、どこで？　東京府東京市四谷区（現在の東京都新宿区）で、誰が？　大和《おおわ》俊子という方が、始めたのです。

　そのいきさつを詳しく記述している資料があります。中央職業紹介事務局が発行していた『職業紹介公報』の第16号（１９２５年２月28日）です。この組織と媒体についてごく簡単に説明しておきましょう。現在の職業安定法の前身に当たる職業紹介法が公布されたのは１９２１年４月９日で、市町村が職業紹介所を設置して無料の職業紹介事業を行うこと、国がその費用の半分を負担すること、その連絡統一を図るために中央と地方に職業紹介事務局を設けることが規定され、中央職業紹介事務局として財団法人協調会が指定されました。協調会は、渋沢栄一も設立に関わった労使協調のための団体で、労働問題の調査研究や労働教育のほか、労使紛争の調停や職業紹介業務の取りまとめまでやっていました。

　その中央職業紹介事務局が１９２３年５月１日の第１号から毎月発行していた機関誌が『職業紹介公報』です。戦後労働省職業安定局が発行していた『職業安定広報』の前身といえます。この『職業紹介公報』は、政府の通牒だの、役人の指示だの、各職業紹介所の取扱実績だのが中心で、あまり面白い読み物はないのですが、時たま興味をそそられるような記事が載ることがあります。その典型が１９２５年２月28日発行の第16号に掲載された「東京府下に於ける派出婦会の概況」という記事です。やや長い記事で、現代人からするとちょっと古めかしい表現もあるので、できるだけ原文に沿いつつも、今日の口語体に近づけて読んでいきたいと思います。

この記事はまず派出婦会とはどういうビジネスなのかを説明するところから始めます。派出婦会というのは、家庭で臨時に人手を必要とする時に、その必要に応じて臨時に簡便に使用することができる女中代わりの女性労働者を供給する仕組みです。派出婦会は派出（＝派遣）できる多くの女性会員を擁しており、需要する家庭の申込みに応じて適当な会員を派出することを業としています。その点で、いわゆる親分子分関係の労力供給業者と変わるところはないと言っています。

つまり、ビジネスモデルとしては、後に詳しく見る親分がピンハネするような問題含みの労務供給請負業者と同じなのですが、その社会的位置づけが全然異なるのです。それは、派出婦会というビジネスモデルが日本で始まったそのきっかけの場が、中産階級の有閑主婦のアルバイト的就労であったということに由来します。

先に述べたように、派出婦会というニュービジネスを立ち上げたのは大和俊子という女性ですが、彼女が最初に始めたのは派出婦会ではなく、内職の斡旋のようなことでした。大和俊子がまだ本所区（現在の墨田区）に住んでいた頃、近所の主婦たちがご主人方が出勤して不在中に何もすることがなくて日がな一日を暮らしているのを見て、それだったらその暇を活用して内職でもしたらいいじゃないのと思い立って、主として和服の仕立ての注文を集めて、これを近隣の主婦たちに配布し、でき上がればこれをまとめて注文主に納めるという事業を始めました。今でもネット上によくある「自宅でもできる簡単なお仕事です」の原初形態というわけです。

ところが１９１８年に彼女は本所区から四谷区に転居し、この内職斡旋の事業は中絶してしまいました。しかし起業家精神旺盛な大和俊子のことです。転居先の四谷区で近所の人々の動きを観察していると、布団や着物の仕立て直し、大掃除、来客、外出などで臨時に人手不足をきたした時には、谷町（麻布区〔現在の港区〕、今のアークヒルズの辺りです。谷町ジャンクションに名を残しています）辺りからツテを求めて主婦や婆やさんを食事付１日30銭から50銭くらいで手伝って貰っていたのです。

これを見た大和俊子は、４、５名の同志婦人と共に、家庭にある既婚婦人が自分の暇な時間を利用して他の家庭の裁縫から洗濯までの仕事を手伝ったらいいんじゃないかと思いつき、これを羽仁もと子が主宰する『婦人之友』という雑誌の１９１８年10月号に発表したところ、これはいいと大好評を以て迎えられ、ちょうどこの時期には中産階級の家庭が女中難に陥っていたこともあり、多数の申込みが殺到したというのです。

ここで、その『婦人之友』１９１８年10月号の記事「家庭の手不足を補ふための派出婦会」という記事の主要部分を引用しておきましょう。筆者は羽仁もと子自身だと思われます。

> 洗濯さへしてくれる人があれば、女中がなくてもよいけれどと思つてゐる家もあり、ふだんは女中なしで済むけれども子供が風でも引くと早速困つてしまふ。お産の時に困る、お客の時に困る、留守番に困る、あれに困るこれに困るで、とう〳〵女中がゐるやうになつたり、一人では少し手が足りないと思ふと、つい二人にしなくてはならなくなつたりします。様々の場合に家庭の手伝人を派出する所が必要だといろいろな方にお話してゐましたが、大和俊子さんは、その派出会をしたいといつて段々考へておゐでゝしたが、今度河口愛子さんの御賛成を得ていよ〳〵十月から、出来るだけ皆

様のお申込みに応じて、次のやうな種類の手伝人を派出することになりました。初めから沢山の申込みに応ずることは出来ないでせうけれども、河口さんは家庭の実務の何でも出来る方だと伺つてゐますし、大和さんも器用な方で、洗濯法でも料理でも心得させて、お出しになるさうですから、皆さんも気永にこの会を成立たせるやうに、或は人の入用な時に兎に角申込んで見るやうにして下すつたり、家事のひまに、ある種類の派出婦に出てもよいといふ人があつたら、会に紹介して下さるといふ風でしたらキツトよい会になりませう。

羽仁もと子というのは近代女性史に必ず出て来る名前です。報知新聞で日本最初の女性記者となり、その後婦人之友社を設立して雑誌『婦人之友』を刊行、自由学園を創立し、戦後まで進歩的文化人として活躍し、キリスト者としても有名です。

ちなみに『婦人之友』は現在も刊行されており、表紙には「創刊１２０周年」とあります。また、進歩的教育評論家の羽仁説子《せつこ》は娘、マルクス主義歴史学者の羽仁五郎は娘婿、映画監督の羽仁進は孫、エッセイストの羽仁未央《みお》は曾孫娘という華麗なる一族です。そういう伝統的日本社会に批判的まなざしを向け、近代的西洋感覚溢れる中産階級のまっただ中から生み出されたニュービジネスが派出婦会であったということは、記憶しておくに値します。
この記事の1年後、『婦人之友』1919年8月号に「派出婦会の成績」という記事が派出婦一同の写真とともに載っていますが、ちょうど新型コロナならぬスペイン風邪が流行していた時期と重なったため、てんやわんやだったようです。

大和俊子と派出婦たち

……去年は派出婦が、少い時はホンの五六人か七八人であつたのに、あの世界感冒《かぜ》で、あちらからもこちらからも、派出婦に来て欲しいといふ御申込みで、どうすることも出来なかつたさうですが、今は可なり大勢になりました。なほ当日派出先きの御都合で、この写真に加はることの出来なかつた人も数名あるといふことです。

『職業紹介公報』の記事に戻ります。こうして、多くの未亡人や主婦たちが食事付1日50銭くらいで派出されていったのですが、その当時は派出先の家庭の方もこれら派出婦に対して相当の敬意をもって迎え、決して侮るようなことはありませんでした。まず型の如く挨拶があって、お茶を勧めながらいろいろとその日の仕事を順序よく頼み、派出婦の方でも夕方までには頼まれた以上の仕事を完全に済ませて夕食を終えて帰ったものだそうです。なので、この時期（１９１８年ごろ）の派出婦というのは、現今（この記事の載った１９２５年ごろ）の派出婦と全く異なり、現今の派出婦が全くの「女中代わり」であるのに対し、「主婦代わり」とでも言った方がいいくらいで、十分に品格が保てていたというのです。

それがだんだんと需要が増加して、申込みに応じきれなくなってきたので、新聞広告で派出婦を募集するようになり、また大和俊子のビジネスを見て他の人々も続々と似たような派出婦会を設立し、そうなると派出婦会同士の競争も激しくなり、求人開拓のために新聞広告だけではなくポスターやら立て札やらを出しまくるということになると、そうは言えなくなってきます。

「主婦代わり」といっても、実際にやる仕事の中身は家事であって女中と変わるわけではありません。他の職業婦人の仕事と違い、学力や技術や資格や経験を必要とするわけでも、何の制限があるわけでもないので、それまでなら女中として直接家庭に雇われていったような女性たちが、起きてから眠るまでずっと家庭で束縛されているような女中はいやだ、それよりも比較的自由で収入も多い派出婦の方がいい、とばかりに、派出婦を目指すようになったのです。

　それこそ女中となるべき田舎出の娘たちもみんな女中を避けて派出婦に走るようになったため、学力も品性も下落してしまい、初期の頃のような真面目な未亡人や主婦たちはいつとはなしに影を潜めてしまった、というのが、この『職業紹介公報』記事執筆者の評価です。いささか偏見が混じった書き方ですが、大正後期のほんの数年の間に、家庭内の家事労働力の就業形態として、伝統的な女中から派出婦への大規模なシフトが生じたというのは重要なポイントです。

　これに対応して、需要家庭の方でも、今までのようにいくぶん遠慮しながら手伝って貰うというような感覚が薄れていき、遠慮なく使えて懸命に働く下働きの女中代わりを求めるようになりました。需要家庭の範囲も、かつては知識階級（当時はそういう言い方をしていたんですね）だけであったのに、昨今は「裏長屋住ひの人々にさへ打算的に利用される様になつた」と、これまた偏見に満ちた表現ですが、利用家庭の所属階級の急速な下落という当時の感覚がよく伝わってきます。

こうして、次第に派出婦会本来の目的が没却され、営利本位となって種々の弊害を生じるようになってきたため、大和俊子はじめ東京で派出婦会を経営していた10名の人々が、1924年（大正13年）の夏、東京聯合派出婦会を結成し、派出料金の協定を行って、一般派出婦会の向上を図ることとしたのです。

東京聯合派出婦会

理事	四谷区南伊賀町三四	婦人共同派出婦会	大和俊子
同	牛込区水道町五七	婦人家庭派出会	堀越敏子
同	赤坂区青山南町二ノ七	家庭婦人会	山田富貴子
	麻布区市兵衛町二ノ七〇	東京婦人会	行木春子
	牛込区市ヶ谷田町三ノ一六	婦人はたらき協会	天野梅野
	小石川区西原町二ノ四〇	東婦人会	塚崎文子
	四谷区仲町二ノ七	東京派出婦会	千葉小春
	赤坂区青山南町六ノ一四七	婦人復興会派出部	鈴木珠
	府下淀橋町角筈六〇七	職業婦人派出会	笹岡むめ

小石川区西原町二ノ二　婦人相愛会　　宮本さよ

東京聯合派出婦会協定料金

保姆《ほぼ》	食事付一日	金壱円五十銭より弐円迄
家事取締婦	同	同
料理婦	同	同
家事婦	同	金壱円より壱円五十銭迄
給仕婦	同	金参円より五円迄
病人附添婦	同	金壱円参拾銭より壱円八拾銭迄
産婦附添婦	同	金壱円参拾銭より壱円五拾銭迄
裁縫婦	同	同
事務員	同	同

『職業紹介公報』の記事はさらに続きます。大和俊子は、この事業を始めた翌年の1919年（大正8年）に、警視庁令紹介営業取締規則に基づいて、正規の手続を履《ふ》んでその営業許可を受けていたのですが、1921年（大正10年）になると、その規則に基づく営

業ではないからといって、廃業の届出を出して今日（１９２５年ごろ）に及んでいるというのです。この法令関係については、節を改めて詳しく論じたいと思いますが、とりあえずここでは、事実関係だけ頭に入れておいて下さい。

この記事には、警視庁調べによる１９２４年（大正13年）９月15日現在の東京府下の派出婦会と派出婦のデータも載っています。それによると、派出婦会の数は29か所で、会員（派出婦）の数は２８４３人、そのうち派出中の者が１３４０人で、派出を待っている登録状態の者が１５０３人、このほかに派出を申し込んでいる者が６４０人います。この状況をこの記事では「派出婦総数の約七割が働いて居る」と述べていますが、この人数からどうして７割という数字が出てくるのかよく分かりません。会員外の６４０人を派出中の１３４０人に足した１９８０人は会員数２８４３人のほぼ７割ですが、これは意味のない計算でしょう。

なお、派出婦会の数は、支部、出張所、取次所といった名義で営業するものや、この警視庁調査で洩れたものもあるので、実数は少なくとも40か所を下らないと推測しています。大和俊子の共同派出婦会はじめ、１００人以上の派出婦を擁して活動している大規模の派出婦会がある一方で、20～30人程度の小規模の派出婦会も多く、名ばかりで実際の活動をしていないものも少なくないということです。

2　派出婦会の組織と活動内容

引き続き『職業紹介公報』の記事を追いかけていきましょう。どの派出婦会も「会」と称し、需要家庭の側を甲種会員、派出婦を乙種会員と呼んで区別しています。需要家庭側の会員をさらに賛助会員と臨時会員に分けて、賛助会員は年額2～5円の一定金額を拠出することで、別に手数料を支払うことなく派出婦を利用でき、さらに派出婦が足りない時でも優先権を与えられるといった特別の取扱いをするようになっているようですが、実際には賛助会員など一人もいないのが実情のようです。臨時会員とは一般の需要家庭を指し、派出婦が派出されている間だけ会員になるというわけです。

一、二の例を除いてすべて個人経営の営利事業ですが、「内容に至つては人夫部屋と何等異る所がない」と、厳しい批評をしています。「会長又は会主は殆んど婦人の名義になつて居るが過半は其の配偶者が主宰して居る」というのも、当時のジェンダー感覚が表れているようです。だいたい、派出婦が派出婦会に入会するに当たって、入会金として金1円を徴収し、派出料金の15％を会費として納入させるというのが普通のようです。

もっとも、中には入会金を徴収しない会もあれば、徽章（バッジ）代として35銭から50銭を徴収する会もあり、さらにまた寄宿舎費や会の維持費として毎月1円を徴収する会もあり、さまざまです。一方、需要者側からは1期間10日あるいは14日間と定め、その期間ごとに20〜30銭を手数料として徴収するというのが普通ですが、中には第2期目から10銭くらい手数料の割引を行う会もあります。

派出婦会が単なる仲介事業にとどまらないのは、派出婦が派出先の家庭で起こした何らかの事件に対しても、派出婦会の会長・会主がその責任を負うということになっているからです。一種の使用者責任みたいなものでしょうか。そのため、会費名義で徴収する手数料が普通の紹介業者よりもかなり割高になっているようです。

一般に派出婦会は電話を備え、新聞広告や立看板を利用して絶えず派出婦志願者を募集しています。そして派出婦志願者がやってくると、会長・会主はまず身元保証人の有無を訊ねます。それは、先に述べた会長・会主が需要家庭に対して負うことになっている責任を、その身元保証人に転嫁するためです。そして、東京府下に一戸を構えた身元保証人が一人でもいれば、よほどの問題のある女性でない限り（原文では「白痴病弱でない限り」と、今では許されないような表現をしています）、入会申込書に身元引受保証書、戸籍抄本又は謄本、そして履歴書を徴収して入会を許すという次第です。

派出婦会によっては、田舎から出てきたばかりの女性に電気、ガス、水道の使い方から始まって、ちょっとした行儀作法に至るまで派出婦として必要な指導をした上で、附属の寄宿舎に収容します。寝具代や食事代は大体実費を徴収しているようですが、これはさすがにそれで利益を取ろうとはしていないからです。中にはこれらは一切無料という会もあるようですが、それはひと月中ずっと派出されているので、ちょっとくらい派出婦会に帰っても会主の家族同様な取扱いを受けるからだそうです。

需要家庭から派出婦の派出の申込みがあると、その家庭の職業から家族数まで詳しく聞き取ろうとします。そして適当な派出婦を選んで派出状と派出料金を入れる封筒を持たせて、その家庭に派出するということになります。需要家庭が負担するのは、派出料金、手数料のほかに派出婦の往復の交通費（東京市内は電車賃だけ）で、午後の派出の場合は日給の半額となります。派出されてきた派出婦が需要家庭にとって意に満たないような場合に家庭側がその交代を請求することができるだけではなく、派出婦の方が需要家庭に対して不都合を感じた場合にも派出婦会に対して交代の派出婦を請求して帰会することもできます。

このように一日のうちに派出婦が何人変わっても、需要家庭の側はその日一日分の給料を払えばいいということになっている会が多いということです。また、定めた期間が終了する場合には、たとえその後引き続き派出される場合であっても、いったん派出料金と手数料を受け取って帰会させるのが普通です。

派出婦の仕事の種類には、先の東京聯合派出婦会の協定料金の所に書かれている保姆、家事取締婦、料理婦、家事婦、給仕婦、病人附添婦、産婦附添婦、裁縫婦、事務員のほか、美顔術、着附、結髪、刺繍、造花、生花、写字、統計、計算、図書、販売係、電話係、庶務会計等々、相当の技術と多少の文筆を要する労務まで網羅していますが、実際はほとんど大部分は家事婦あるいは雑用婦と称する洗濯から炊事まで一般の女中代りの仕事をする者が需要され、病産婦附添婦がこれに次ぎ、裁縫婦、給仕婦等の需要はごく稀で、それ以外はほぼ全く需要がないというのが実情のようです。

派出婦の勤務は通勤と住込みとの2種類があり、時間も季節によって必ずしも一定ではないですが、朝6時から夜7時までというのが普通で、住込みの場合でも9時以後は使用しないように断ってあります。また派出婦の日給は、料金協定後も所定賃金が一定していないのですが、大体1円30～40銭が普通とされています。1か月の収入は最高で45円、最低で10円くらいで、平均すると大体30円程度のようです。この収入から、会費として15%、寄宿舎費1円等を差し引かれて、結局1か月で24～25円の実収入というのが最も多いようです。もっともその他に、まじめに働く派出婦は需要家庭から相当の心付けを貰っているということです。

ここから先は派出婦の風紀に関して、いささか醜聞めいた記述が続きます。「試みに二三の多数会員を有する派出婦会に就て調査したるに『派出婦となる人は殆んど皆事情があつてなるのですから処女は一人も居りません』と云ふが一般である。之れを年齢の上から見ても三十歳前後の者が大多数である其の中多くは悪づれがして浅薄な感覚主義に陥り淫《いん》逸放埓《いつほうらつ》の日を送つて居る」と述べた上で、次のようなかなり偏見に満ちた記述が続きます。

主婦なき派出先の主人からは誘惑されるし、それを目的に派出婦たるものがある等甚だしく風紀が頽廃をして居る様である。派出会主に於ては派出先から苦情の出ない限りは一切干渉しない為め斯の種の派出婦が漸次其の数を増して行く傾向が顕著である。彼等が寄宿舎に引挙げた後の生活状態のだらしなさは全く談《かた》るに堪へないものがある。

そうして彼等は連《しき》りに会から会へ渡つて歩いて居る。会主も之等《これら》淫猥なる派出婦を利用して不当の利益を得るもの、派出料金を精算し支払はざるもの等相当にある模様である。

又派出婦会を誤解した申込みが可成《かなり》あつて真面目な派出会では閉口して居る。従つて派出婦会でも水商売即ちカフェー、バー、料理店、待合、遊廓等の外主婦なき家庭には絶対に派出せざる旨を標榜して居るが実際は此見分けが至難であるらしい。

いささか偏見も混じった記述ではありますが、派出婦会という新たなビジネスモデルがどのように誕生し、そして短期間にどのように変形していったのかが、大変ビビッドに描き出されています。重要なのは、派出婦が最初は暇な家庭の主婦を「主婦代わり」として派遣する事業として始まったということです。

ところが、あっという間に「女中代わり」の派遣事業になっていき、何らかの規制が必要だという声が上がるようになってきたわけです。ここで記憶に留めておいていただきたいのは、「主婦代わり」が主婦それ自体ではないのと同様に、「女中代わり」は女中それ自体ではない、ということです。実際にやっている作業は女中と何ら変わりがないにしても、派出婦は女中ではないのです。まずは、派出婦会創設の場面から、そのことを確認しておきましょう。

3　時代の寵児になった大和俊子

大和俊子の派出婦会がニュービジネスとしてヒットしたことは、当時のメディアでも注目を集めていたようです。当時の婦人雑誌からいくつか彼女を取り上げた記事をみておきましょう。事業開始から2年あまりの1921年初め、『婦人界』2月号に「時代の要求から生れた重宝《ちょうほう》な婦人職業」という記事が載っています。

> 生活改善の上から、すべてを簡易にして、平素は各自に手一ぱいに働いて、余分な人手を、借りない様にして居りましても、家の中には又不時に色々な出来事が起ることがありまして臨時に雇婦の必要を生じて来ることがあります。そんな場合に確実な臨時雇婦を派出する事を目的として、派出婦会なるものが所々に出来ました。記者は一日その派出婦会の一なる四ツ谷区南伊賀町三十四、婦人共同派出婦会を訪《と》うて、会主大和俊子女史から、会の仕事や成績なども精《くわ》しく聞く事を得ました。

この記事で興味深いのは、派出婦のうち「家政婦」という言葉をかなり特殊な意味で使おうとしていることです。すなわち、「派出婦の中には相当な教育を受けた人も来て居りまして、主婦のない家の家政を監督して切り盛りの出来る人があります。それは主婦をなくした家庭などで、留守を預ける人がないために、外の働きが出来ない主人といった側から、非常に重宝がられて居ります」と述べています。まさに「主婦代わり」です。

翌1922年初めには、『主婦之友』1月15日号に「主婦を臨時に手伝ふ家政婦」という記事が載り、大和俊子の婦人共同派出婦会を始め五つの派出婦会を紹介しています。

> さあ病人ができた、手が足らない、女中は無いか、何処かに手伝はないか、と言つて桂庵《けいあん》に走つたり、出入の者に頼んだり、知つてる限りの人に同情を求めたりしなければならないのが、私共中流家庭の現状でございます。……それでかういふことを少しでも緩和するために起つたのが、此の派出家政婦でございます。……
>
> また世間にはこれと反対に、子供がありながら夫に死なれて、其の生計にさへ困つてをられるやうな方、其の他種々な事情で収入を得たいと思召してゐらつしやる方も

少くありません。それらの方のためには、相当な収入が得られ、其のうへ食費と往復費用など全部先方持ちですから、まことに割のよい職業でございます。中流の未亡人などで、家政婦として働きながら、二人三人の子供を立派に養育してゐられる方も少くないといふことです。

この記事は、派出婦の労働需要側だけではなく、労働供給側に対しても「割のよい職業」として呼びかけており、当時の中流家庭のニーズにマッチしたビジネスであったことが窺えます。

このニュービジネスの開拓者である大和俊子という人物に着目した記事も出てきます。少し後になりますが、『婦人倶楽部』1930年1月号の「幸運を掴んだ婦人の出世物語」に載った「見事時代の潮《うしお》に乗つて――派出婦人会の創始者大和俊子さん――」は、昨今のビジネス誌に載せても全く違和感が無いような記事に仕上がっています。読んでいくと、女性の遊休労働力を活用した1世紀前のシェアリングエコノミーという感もあり、読み返すたびに味わいがあります。また、新型コロナならぬスペイン風邪がこのビジネスの発展に貢献したという指摘も興味深いものです。

今日無数の団体を有し、あらゆる世間の歓迎と好評を受けて、今や隆々たる勢ひを以つて発達繁栄しつゝある派出婦人会！

新時代要求の的を、ぴつたりと射抜いた新職業！

女性の雄々しき社会的進出として、もてはやさるゝこの仕事も、過ぐる僅々十数年前には、まだ其片影さへも見られないものだつた。ではこの新しい職業は誰れの手によつて開拓され、いかなる経路を辿つてかくもめざましい発展を遂げて来たか！

それは今から十二年前の話。大和俊子さんといふ一銀行員の妻によつて、この新らしい職業は創始されたのだつた。

俊子さんは早く両親に別れ、半襟《はんえり》屋を開いてゐる姉さんの手で育てられ、今の御主人が一銀行員であつた時結婚した。しかし彼女は働くことを何よりの楽しみとする性《た》質《ち》なので毎日夫の出勤後、家の中にぼんやりしてゐるのが手持無沙汰でつらくて仕方がなかつた。

『ねえ、姉さん、何か働くことがないものでせうか？』

よく姉の所へ訪ねて来て、俊子さんはこんな相談を持ちかけるのであつた。

『だつて、おまへさん、余所の針仕事を毎日してゐるんだから、それでいゝぢやないの。』

『でも、私、それ丈では満足出来ませんわ。――何かうんと働きたい。これからの時代には、女も男と同じやうに社会的に職業にぶつかつて行かなければならないと思ひますわ。』

『さうねえ。――しかし、女に出来るそんな仕事があるかしら……？』

大和俊子

今から十二年前のその頃は、今日のやうに、婦人の職業の範囲が未だ拡められてゐなかつた。まして人妻の身では、思はしい職業はなか〳〵見当らなかつた。

俊子さんは、それでも熱心に自分の希望を追ひ、或時は新聞広告を見て写真館の女客の着付をする仕事をしに行つたり、或時は年中無休の針仕事を供給する店へ行つてみたりしたが、人妻であるが故に敬遠されたり、仕立賃が馬鹿に少なかつたりして、悉く失望を味はなければならなかつた。

そこで俊子さんは考へた。

（人に頼つて仕事をしようとするからいけないのだ。もし自分と同じ希望を持つ者が集つて、共同で働いたなら必ず成功するに違ひない。さうだ、自力で、そして共同で！）

俊子さんはこの考へによつていろ〳〵の計画をたてゝ、遂に一つの新らしい婦人の職業を創案することが出来たのである。

自分のやうに仕事がなくて困つてゐる者があるかと思へば、一方には多忙で〳〵困つてゐる家庭もある。女中一人を雇ふのも無駄だが、でも、時々仕事が溜つてこんな時だけでも女中の手が欲しいと云ふやうな家は、いくらもあるに違ひない。さういふ家へ遊んでゐる人々を臨時雇に使つて貰つたら、双方の為にどんなに都合がいゝだらう！――こゝまで考へついた時、彼女はポンと膝を打つた。

『これは面白い。将来必ず発展する仕事に違ひない！』

で、早速自分と同じやうに働きたくても適当な仕事がなくて困つてゐる婦人達を説き廻つて、七八人の仲間を作り、今の授産所のやうな内職を取次ぐ仕事を始める事になつた。……

　当時羽仁もと子女史等は、日本の女中制度の欠点について意見を発表され、その中で英国の時間制度の女中や通勤制度の女中のやうに日本の女中制度も改めて、職業婦人としての女中の位置をもつと向上させなければいけないといふやうな新らしい議論を述べた。この説は、理論の上から云つても実際の上から云つても、俊子さんの計画とぴつたりあつてゐた。これを知つた俊子さんは愈々《いよいよ》本式に派出婦の会を組織しようと考へ、先づ羽仁もと子女史や日本実務女学校の河口愛子女史に相談して、両女史の大賛成と激励の下に、小規模ながら、婦人共同会と名付ける新らしい職業婦人団を組織することになつた。

　かうして社会の心ある主婦達が今迄要求してゐた真面目な派出婦会は生れた、これからは経済的な能率のあがる臨時雇ひの女中を使ふことができて、各家庭も大いに喜ぶであらうし、共同会の会員達も、自分等の使命の為に大いに努力して実績をあげようと意気込んでゐた折も折、あの大正八年冬の世界的流行感冒が突如として襲来した。女中は恐れて田舎へ逃げ帰り、主人が枕もあがらず咳入つてゐるといふのに、奥様も子供も亦病むといふ有様である。女中難はこの時極度に甚だしくなり、各戸悲鳴をあげて人手を求めるといふ騒ぎ。この時に当つて丁度生れたばかりの派出婦といふ職業が、どんなにかうした家庭から重宝がられ感謝されたかわからなかつた。婦人共同会の会員は応じきれぬ程の申込に、ひつぱり凧の有様であつた。

　勿論、俊子さんが誠意をこめて日頃から教養した会員は、こんな場合になつて愈々その真価を現はし、親切で甲斐々々しい働きぶりは到る処好評嘖々《さくさく》たるものであつた。而《しか》も派出婦会と名のつくものは当時はまだこの婦人共同会が、たゞ一つあるきりであつたから、目の廻るやうな大繁昌、お得意は殖える一方、トン〳〵拍子で仕事は拡張されてゆくことになつた。

　かうして、三年程連続した流感の襲来は、新しい職業婦人としての派出婦を著しく急速に而も確実に発展せしめる要素となつた。働きたい一心の一婦人が始めた仕事としてはその結果は余にも隆盛すぎる程であつたが、時代の要求に先駆したこの職業の出発点を考へれば、さもあるべきことである。かうして俊子さんは、幸運にもいつしか大きな成功者の一人と呼ばれるやうになつてゐたのである。……

　羽仁もと子女史は俊子さんを賞揚して次のやうに云はれた。

『大和さんの志は当初より今に至るまで、派出婦といふ新らしい面倒な仕事を、働く人と働いてもらふ家庭を通じて、この世の中のために、本当に役に立つものにしたいといふ熱心な思ひによつて一貫してゐます。』

これによつても、俊子さんの成功が単に一朝一夕の僥倖から来たものでないことが肯かれるであらう。

4　派出婦会は職業紹介事業ではなかった

さて、『職業紹介公報』の記事の中に、派出婦会の法律上の位置づけについて気になる記述がありました。繰り返しますと、大和俊子はこの事業を始めた翌年の１９１９年（大正8年）に、警視庁令紹介営業取締規則に基づいて、正規の手続を履んでその営業許可を受けていたのですが、１９２１年（大正10年）になると、その規則に基づく営業ではないからといって、廃業の届出を出して今日（１９２５年ごろ）に及んでいるというのです。この時期は、労働市場に対する規制が府県レベルから国レベルに引き上げられつつあった時代なので、時系列的に整理して説明しましょう。

もともと民営の職業紹介事業は江戸時代には口入屋《くちいれや》などと呼ばれていましたが、明治以降になっても存続し、府県レベルで取締りのための規則が設けられていました。東京府でいうと、1872年（明治5年）11月3日に男女雇人請宿渡世《やといにんうけやどとせい》規則、1891年（明治24年）6月27日に雇人口入《やといにんくちいれ》営業取締規則、1917年（大正6年）2月10日に紹介営業取締規則が制定されています。先の文章で「大正八年警視庁令紹介営業取締規則」というのはその改正規則です。同規則はその規制対象を次のように列挙していました。

第一条　本令ニ於テ紹介営業ト称スルハ営業トシテ左ノ行為ヲ為スヲ謂フ

一、芸妓、娼妓、酌婦ノ紹介又ハ周旋

二、事務員、船舶乗組員、店員、僕婢、其他雇員ノ紹介又ハ周旋

三、職工、徒弟、労働者ノ紹介又ハ周旋

四、寄子（米搗、湯屋男、麺類職、杜氏、粉挽、妓夫、料理人、張物職、紺屋職ノ類）ノ紹介又ハ周旋

五、前各号ニ記載セシ者ノ雇先若ハ抱先ノ告知

派出婦との関係で問題となる女中は、この規則でいうと、第1条第2号の「僕婢《ぼくひ》」に当たります。細かく言えば、下男が「僕」、下女（女中）が「婢」というわけです。大和俊

子は、最初は自分の始めた派出婦会が、この規則の「僕婢」の「紹介又ハ周旋」に当たるかも知れないと思って、同規則に基づいて許可をもらったけれども、よく考えてみると、この事業は「紹介又ハ周旋」じゃなくて「派出」なのだから、許可をもらう必要はないと思い直して、廃業届を出したというわけです。廃業届といっても、派出婦会の事業はその後もそのままずっとやり続けているのですから、正確には廃業じゃなくて、許可申請の撤回なのでしょうが、そこはかなりいい加減だったようです。

　さて、先に述べたように、その後１９２１年４月９日には職業紹介法が公布され、公共無料の職業紹介所システムが全国に整備されていきますが、この法律にはこんな規定も含まれていました。

　第十四条　有料又ハ営利ヲ目的トスル職業紹介事業ニ関シテハ別ニ命令ヲ以テ之ヲ定ム

　これだけではただの根拠規定に過ぎませんが、これに基づいて１９２５年（大正14年）12月19日に営利職業紹介事業取締規則が内務省令として制定されました。これが日本における民営職業紹介事業に対する国レベルの初めての規制になります。

第一条　本令ニ於テ職業紹介事業ト称スルハ営利ヲ目的トスル職業紹介事業ヲ謂ヒ紹介業者ト称スルハ営利ヲ目的トスル職業紹介事業ヲ営ム者ヲ謂フ

第九条　紹介業者ハ左ニ掲クル行為ヲ為スコトヲ得ス但シ事業所所在地ノ所轄警察官署ノ認可ヲ受ケタルトキハ此ノ限ニ在ラス

一　求職者ヲ宿泊セシムルコト

二　求職者ニ対シ財物ノ給与又ハ貸付ヲ為スコト

三　求職者ノ委託ヲ受ケ財物ノ保管、売買若ハ質入ヲ為スコト

四　求職者ノ財物ヲ買受クルコト

さて、警視庁令時代にいったん紹介営業として許可を受けながらすぐにそれを撤回した大和俊子やその他の派出婦会の経営者たちは、この新たな営利職業紹介事業取締規則ができても、自分たちには関係のない規制だとして、許可申請をしようとはしませんでした。

この点については、職業紹介法を所管する内務省社会局も同様の見解を持っていたよう

です。これに対し、だいぶ後になってからの資料ですが、大阪市社会部編『女子労務者の臨時雇傭紹介に就いて』（1936年）という報告書には、地方行政が疑問を呈していたことを窺わせる記述があります。

それによると、1929年（昭和4年）4月に、兵庫県知事が内務省社会局社会部長宛に、一般婦女子を会員として家庭婦会を組織し、公衆の諮に応じて一日間あるいは短時日会員を派遣して家庭の用途、妊産婦の手伝、患者の附添い、宴会の手伝いその他臨時に起こる雑務に従事させ、1日当たり1円10銭（患者附添いのため夜勤の場合はこの日当に対する2割を増加）の日当を貰い受け、その日当から10銭を紹介業者（家庭婦会）に手数料として納付するものが、果して営利職業紹介事業であるや否やについていささか疑義が生じたので、何分の御指示をいただきたいという疑義照会をしたのです。兵庫県では「家庭婦会」という名称で活動していたようですね。

これに対して、内務省社会局社会部長は回答して曰く、家庭婦会の行為の内容が被派出者と派出申込者との間の雇傭の仲介斡旋をするものであるならば営利職業紹介事業取締規則の適用を受けるべきものであるけれども、そうではなくて労務の供給請負をするものであるならばこの限りではないので、この見解に基づき、各家庭婦会の行為の実際に応じてそれぞれ措置せよ、とその認定を各府県に一任したのです。

この内務省見解に基づき、各府県はその認定を各個の事例について各個にせざるを得なくなり、労力供給的性質を多く有するものについては全然取り締まることができないという状態となりました。そもそもその実態が果たして雇傭の仲介斡旋なのか、それとも労務の供給請負なのか、つまり現在の家政婦会、附添婦会がどのような性質を帯びるものであるのかは各会の会則や規定だけで一概に判断することは困難です。

もっとも、営利職業紹介事業取締規則によれば、紹介業者には求職者を宿泊させることはできず、もし宿泊させる場合にはその都度所轄警察署の許可を得ることが必要です。また求職者に対し財物の給与又は貸付をすることや、求職者の委託によりその財物を保管することも許されませんが、こういった諸点から見て今日（＝1936年当時）の派出婦会は到底この取締規則に準拠しているものと言えないだろうと評しています。

同報告書に引用されたある派出業者の言によれば、この取締規則の下では帳簿その他すべての点において抵触することが多く、またこの規則自体も派出業者の実情に適合しないとさえ揚言していたようで、報告書を作成した大阪市社会部はそのような現状にかなり不満を抱いていたように見えます。

兵庫県知事の照会に対して、内務省社会局の回答は、「雇傭の仲介斡旋」ならば営利職業紹介事業取締規則の対象だが、「労務の供給請負」ならば同規則の対象ではないというものでした。この時期にはまだ「労務の供給請負」はいかなる法律の規制対象にもなっていなかったからです。

また、やや理屈がひっくり返っている気もしますが、営利職業紹介事業取締規則では職業紹介事業に対してあれこれ細かな規制をかけており、派出婦会のやっていることはかなりそれに抵触するところが多かったため、適用しかねていたという面もあったようです。その最大の点は、営利職業紹介事業取締規則では、紹介事業はあくまでも求職者と求人者の間を第三者として仲介斡旋するだけという建前なので、「求職者ヲ宿泊セシムルコト」（同規則第９条第１号）などは禁止されていますが、派出婦会ではむしろ宿泊施設を設けるのが普通であったことです。

5　先駆的な派出婦会取締規則

この大阪市社会部の報告書の中に、東京府や愛知県では既に取締規則があると書かれています。実際、東京府は１９２５年（大正14年）９月12日に警視庁令として派出婦会取締規則を制定していましたし、愛知県は１９３３年（昭和8年）2月17日に愛知県令として家政婦会及家政婦取締規則を制定していました。ここでは東京府の派出婦会取締規則を見ておきましょう。

１９２５年という早い段階で東京府が派出婦会取締規則を制定した背景には、大和俊子が働きかけたことがあったようです。先に引用した『婦人倶楽部』１９３０年1月号の「見事時代の潮に乗って——派出婦人会の創始者大和俊子さん——」の中には、この警視庁令について「これは俊子さんが率先して当局を動かした結果である」と書かれています。１９２１年に紹介営業の廃業の届出を出した後、それとは異なるビジネスモデルであると訴えて、根拠となる警視庁令の制定に持っていったわけですから、なかなかの政治力です。

これは概ね紹介営業取締規則に倣って作られていますが、兼業禁止の中に紹介営業が含まれていることからも、職業紹介事業とは異なるビジネスモデルであることを前提とした規制であることが分かります。

派出婦会取締規則（大正十四年九月十二日警視庁令第三十七号）

第一条　本令ニ於テ派出婦会ト称スルハ臨時家事ニ従事セシムルノ目的ヲ以テ婦女ノ

派出ヲ業トスルモノヲ謂フ

第二条　派出婦会ヲ経営セムトスル者ハ左ノ事項ヲ具シ業務所所在地所轄警察官署ニ願出テ許可ヲ受クヘシ

一　本籍、住所、氏名、職業、生年月日（法人ニ在リテハ其ノ名称事務所所在地代表者ノ住所氏名及定款ノ写）

二　業務所所在地

三　会則

②　前項ノ申請人未成年者、禁治産者、準禁治産者又ハ妻ナルトキハ其ノ法定代理人、保佐人又ハ夫ノ連署ヲ要ス

第三条　会則ニハ左ノ事項ヲ記載スヘシ

一　名称

二　業務所所在地

三　寄宿舎所在地

四　入会及退会ニ関スル事項

五　会費、食費其ノ他派出婦ノ負担トナルヘキ一切ノ費用並其ノ徴収ニ関スル事項

六　派出料、往復費其ノ他派出先ノ負担トナルヘキ一切ノ費用並其ノ徴収ニ関スル事項
七　経営者ト派出婦トノ間ニ於ケル派出料分配ニ関スル事項
八　派出婦ノ勤務ニ関スル事項
九　派出婦ノ監督ニ関スル事項
十　其ノ他必要ナル事項

第四条　前条第二号乃至第七号ノ事項ヲ変更セムトスルトキハ願出テ許可ヲ受クヘシ
② 第二条第一号及第三条第一号並第八号乃至第十号ノ事項ヲ変更シタルトキハ五日以内ニ届出ツヘシ

第五条　派出婦会ヲ廃止シ又ハ業務ヲ休止シタルトキハ五日以内ニ届出ツヘシ
② 派出婦会経営者（以下単ニ経営者ト称ス）死亡シ又ハ所在不明トナリタルトキハ同居ノ戸主又ハ家族ヨリ遅滞ナク前項ノ届出ヲ為スヘシ

第六条　左ノ各号ノ一ニ該当スルトキハ第二条ノ許可ヲ為サス
一　申請人不適当ト認メタルトキ
二　業務所又ハ寄宿舎ノ場所若ハ構造不適当ト認メタルトキ

三　其ノ他公安又ハ風俗ヲ害スルノ虞アルトキ

第七条　経営者ハ宿屋、料理屋、飲食店、貸座敷、引手茶屋、待合茶屋、貸席、芸妓屋、遊技場、紹介営業其ノ他之ニ類スル営業及看護婦会ヲ兼業シ又ハ其ノ使用人タルコトヲ得ス

第八条　経営者ハ派出婦入会シタルトキハ其ノ本籍、現住所、氏名、生年月日及入会年月日、退会シタルトキハ其ノ氏名及退会年月日ヲ五日以内ニ届出ツヘシ

②　前項ノ規定ニ依リ届出テタル事項ニ変更アリタルトキハ遅滞ナク届出ツヘシ

第九条　経営者ハ左ノ各号ノ一ニ該当スルモノヲ会員ト為スコトヲ得ス

一　法定代理人ノ同意ナキ未成年者

二　夫ノ承諾ナキ妻

三　入会前一箇年以内ニ芸妓娼妓又ハ酌婦タリシ者

四　身元詳カナラサル者

五　健康又ハ素行不良ニシテ派出婦トシテ不適当ナル者

第十条　経営者ハ左ノ事項ヲ遵守スヘシ

一　会員以外ノ者ヲ派出セサルコト

二　名義ノ如何ニ拘ラス会則ニ定メアル外派出婦及派出先ヨリ金品ヲ徴収セサルコト

三　派出婦ノ意思ニ反シテ派出ヲ強要セサルコト

四　第七条ニ掲クル営業所ヘ派出セサルコト

五　派出婦ヲシテ傷病者又ハ褥婦ノ看護ヲ為サシメサルコト

六　派出婦ノ素行ニ関シ十分ナル監督ヲ怠ラサルコト

第十一条　派出婦派出中現住所又ハ派出先以外ニ宿泊セムトスルトキハ経営者ヨリ左ノ事項ヲ届出ツヘシ

一　派出婦ノ氏名、年齢

二　派出先ノ住所、氏名、職業

三　宿泊ノ場所及期間

第十二条　経営者ハ其ノ名称及氏名ヲ記シタル看板ヲ業務所外睹《ミ》易キ場所ニ掲出スヘシ

第十三条　経営者ハ所轄警察官署ノ検印ヲ受ケタル派出婦名簿（第一号様式）及派出簿（第二号様式）ヲ業務所ニ備ヘ当該事項ヲ記入シ異動アル毎ニ訂正スヘシ

②　前項ノ帳簿ハ使用廃止後一箇年間之ヲ保存スヘシ

第十四条　経営者ハ第三条第六号及第八号ニ掲クル事項ヲ記載シタル派出婦紹介状ヲ派出先ニ交付スヘシ

第十五条　当該警察官吏ニ於テ業務所若ハ寄宿舎ノ臨検又ハ帳簿其ノ他ノ書類ノ検査ヲ為サムトスルトキハ之ヲ拒ムコトヲ得ス

第十六条　経営者組合ヲ設ケタルトキハ組合代表者ハ其ノ組合員及役員ノ氏名ヲ記シ組合規約書ヲ添ヘ主タル事務所所在地所轄警察官署ヲ経テ遅滞ナク警視庁ニ届出ツヘシ其ノ届出事項ヲ変更シタルトキ亦同シ

第十七条　所轄警察官署ハ取締上必要アリト認ムルトキハ臨時ニ別段ノ命令ヲ発スルコトアルヘシ

第十八条　左ノ各号ノ一ニ該当スルトキハ警視庁ニ於テ許可ヲ取消シ又ハ業務ノ停止ヲ命スルコトアルヘシ

一　本令又ハ本令ニ基キテ発スル命令ニ違反シタルトキ

二　公安又ハ風俗ヲ害スルノ虞アルトキ

第十九条　第二条第一項、第四条、第五条及第七条乃至第十六条ノ規定ニ違反シ又ハ

第十八条ノ規定ニ基キテ発スル命令ニ違反シタルトキハ拘留又ハ科料ニ処ス

第二十条　経営者ハ其ノ代理人、戸主、家族、雇人其ノ他ノ従業者及派出婦ニシテ其ノ業務ニ関シ本令又ハ本令ニ基キテ発スル命令ニ違反シタルトキハ自己ノ指揮ニ出テサルノ故ヲ以テ処罰ヲ免ルルコトヲ得ス

第二十一条　経営者未成年者又ハ禁治産者ナルトキハ本令ノ罰則ハ之ヲ其ノ法定代理人ニ適用ス但シ其ノ営業ニ関シ成年者ト同一ノ能力ヲ有スル未成年者ハ此ノ限ニ在ラス

第二十二条　経営者法人ナルトキハ本令ノ罰則ハ之ヲ其ノ代表者ニ適用ス

附　則

第二十三条　本令ハ大正十四年十月一日ヨリ之ヲ施行ス

第二十四条　本令施行ノ際現ニ派出婦会ヲ経営セル者ハ大正十四年十月三十一日迄ニ本令第二条ニ定ムル事項ヲ具シ所轄警察官署ニ届出ツヘシ

②　前項ノ届出ヲ為シタルモノハ本令ニ依リ許可ヲ受ケタルモノト看做ス

規定を細かく見ていくと、職業紹介とは異なる「派出」というビジネスモデルに対応し

た特別な規定がいくつも盛り込まれていることが分かります。まず、職業紹介では原則として禁止されている寄宿舎ですが、派出婦会では逆に設置することが前提になっていて、会則に「寄宿舎所在地」を記載せよとか、「寄宿舎ノ場所若ハ構造不適当ト認メタルトキ」は許可しないとか、警察官吏が「寄宿舎ノ臨検」をするなどと規定していますし、そもそも会則に「派出婦ノ勤務ニ関スル事項」や「派出婦ノ監督ニ関スル事項」を記載せよということ自体、派出婦会が単なる紹介斡旋業者ではなく、その一般家庭における勤務に責任を持つ使用者的存在であることを前提にしています。

　とりわけ注目に値するのは、会則に記載すべき事項の中の「経営者ト派出婦トノ間ニ於ケル派出料分配ニ関スル事項」でしょう。現在の労働者派遣事業もそうですが、この種のビジネスモデルにおいては、顧客（派出婦会の場合には一般家庭）から派出料を受け取った上で、そこから実費や利潤に相当する部分を差し引いて、派出婦に報酬を支払うわけですから、まさにその配分が関心の的になるわけです。

第2章　女中とその職業紹介

1　女中奉公とその口入れ

派出婦会が今から105年前の1918年に大和《おおわ》俊子という起業家によって始められたニュービジネスであったことは分かりましたが、それではその派出婦が「女中代わり」といわれたその女中の方はどうでしょうか。いうまでもなくそれよりずっと古く、考え方にもよりますが主人の家に住み込んで家事に従事する女性という意味では古代に遡るかも知れません。ただ、近代日本で女中と呼ばれる存在の直接の先祖は江戸時代の奉公人としての下女になります。

奉公という言葉はもともと武士が主君に仕えるのを指す言葉でした。中世武士の主従関係を「御恩と奉公」というのはこの意味です。ところが時代とともにこの言葉がだんだん拡大していきます。江戸初期には武家に仕える従者（武家奉公人）に拡大し、さらに商家や職人、百姓の下で働く者にまで拡大していきました。町方奉公人とか村方奉公人と呼ばれるものです。商家の奉公人には、丁稚《でっち》、手代《てだい》、番頭と出世していく子飼《こがい》奉公人と、中年《ちゅうねん》者《もの》、下男、下女のような低い身分の者がいます。今日でいえば前者は正社員で後者は非正規労働者といったところでしょうか。ただ、中年者や下男には年配の男性が多いのに対し、下女の多くは嫁入り前の行儀見習を兼ねた数年の短期奉公であったようです。

日本の職業紹介事業について詳しいのは豊原又男《とよはらまたお》という方です。彼の著書『職業紹介事業の変遷』（財団法人職業協会、１９４３年）には、江戸中期の１７２０年（享保5年）に創業し、１９２１年（大正10年）までの約２００年間にわたって、江戸・東京の日本橋芳《よし》町《ちょう》で奉公人口入れ稼業・営利職業紹介事業を営んできた千束屋《ちづかや》の話を始め、この業界に関する興味深いエピソードがてんこ盛りに載っています。

ちなみに、この千束屋の大きな看板は、私が勤務している労働政策研究・研修機構の１階にある労働図書館の閲覧室に展示してありますので、興味のある方は是非見に来て下さい。それはともかく、この『職業紹介事業の変遷』には、女中の口入屋に関する興味深い記述もあります。以下、それをできるだけ原文に沿いつつも、今日の口語体に近づけて読んでいきましょう。

それによると、口入所と称して雇い人の職業紹介を営業とする者の鼻祖《びそ》の一人として伝えられているのは、江戸時代の元和年間（１６１５〜１６２４年）に三河の国より徳川氏に随従して江戸にやって来た善平という人であったそうです。彼はその後町家に下り、浅草区（現在の台東区）の茅町《かやちょう》に一戸を構え、各大名や旗本に対する薪炭の御用を勤めていました。

さて、当時各地の大名は参勤交代の義務があり、その家来衆は家族を国元に残したまま、勤番と称して江戸府中に勤務しなければなりません。そこで善平は、彼らから女中として働く者の斡旋の依頼を受けて、その紹介をするようになり、やがてこれを専業とするようになったというのです。善平の店の屋号は寿々女屋《すずめや》というなかなかかわいらしいもので、各大名、旗本その他の武家における女中の口入れをしたのが、わが国における女中の口入れ稼業の始まりだというわけです。

当時の紹介のスタイルを見ると、まず口入屋において奉公すべき女子を選び、武家の館に連れていって「お目見え」と称して紹介します。奉公先の武家の方で本人の宗旨や家柄その他一切の身元を調査し、大体7～10日くらい経って奉公することが決まれば、実父や口入屋と一緒に仮親のもとに証書を差し入れ、詳細はこの仮親との間で結ばれ、口入屋は奉公契約の内容には何ら関与をしなかったということです。口入所という名称も、この点から来ているのでしょう。

なお、手数料については、奉公人側から年給の2割5分くらいを徴収し、奉公先からは手数料などを受け取らないことになっていましたが、実態としては各大名、旗本等において出入口入所なるものを定め、これに一人扶持くらいを与えていたようで、そうすると大名出入先が10か所もあれば結構な扶持を受け取ることができたようです。また、そうでない場合でも、口入屋に御礼として包金２、３両を与えていたという話もあります。

もっともその当時にはまだ町家に対する女口入所はなかったのですが、その頃から次第に町家に対する女中の口入れ業も発展していきました。この場合、その口入れ方法等は武家屋敷への奉公と若干異なり、江戸府内にある知人親族を下請人として口入れし、請状を差し入れたそうです。手数料についても必ずしも一定していなかったようですが、多くの場合は奉公人から年給額の１割を徴収し、奉公先の主人からは御礼として包金を受けるのが普通であったということです。

2　営利職業紹介事業の大部分は女中の紹介だった

明治以後になってもこれら民間の職業紹介事業は存続し、徒弟、女中、下男、小僧等の奉公人の口入れを主に行っていました。前記東京府の累次の規則はその取締りのために制定されたもので、その完成形が１９１７年の警視庁令による紹介営業取締規則であったわけです。その第１条第２号に「僕婢《ぼくひ》」という大時代的な用語が使われていましたが、その割合はどれくらいであったのでしょうか。

種別	人数	%
婢（＝女中）	253	35.9
僕（＝下男）	156	22.2
店員	64	9.1
職工	41	5.8
徒弟	33	4.7
労働者	28	4.0
その他	129	18.3
計	704	100.0

表1　職業紹介所の被紹介者の種別

この規則の実施状況を1921年10〜11月に調査した結果が、東京市社会局の『紹介営業に関する調査』（1922年）に詳細に示されていますが、それによると、雇用紹介業者は289人ですが、被紹介者の種別を見ると表1の通りで、圧倒的に女中が多く、次いで下男であることがわかります。

この状況は、職業紹介法に基づく営利職業紹介事業取締規則の下でもあまり変わらなかったようです。中央職業紹介事務局が毎年刊行していた『職業紹介年報』各年版によって、営利職業紹介事業の就職者数（表2）を見ていくと、毎年の就職者数のうち女中と下男に当たる戸内使用人が相当数を占め、その大部分が女子、つまり女中であったことがわかります。

年	就職者総数	うち戸内使用人（＝僕婢）	うち女子（＝女中）
1922	566,729	126,462	84,460
1923	478,401	108,804	79,828
1924	539,421	139,200	101,279
1925	554,487	170,466	130,255
1926	624,884	204,586	161,513
1927	452,359	219,210	182,219
1928	464,439	251,163	206,482
1929	484,563	260,424	216,891
1930	474,468	272,146	233,607
1931	503,285	285,276	246,215
1932	535,802	293,369	257,661
1933	538,647	289,311	250,021
1934	521,429	286,711	244,901
1935	550,100	293,895	257,113
1936	536,404	279,994	242,473
1937	514,709	263,712	229,782
1938	435,213	243,799	213,438

表2　営利職業紹介事業の就職者数

3　女中調査と派出婦調査

１９３０年代は、江戸時代以来の伝統を有する女中の供給が急速に減少し、それに代わって新興のニュービジネスである派出婦会による派出婦の供給が急速に増加していった時代です。その姿を両者に対する調査という形で描き出したのが、１９３７年に横浜市社会課がまとめた『女中調査』と『派出婦調査』です。それぞれの冒頭の調査目的の記述を読み比べるだけで、当時の感覚が伝わってきます。

まず『女中調査』はこう説き起こします。横浜市内で働いている家事使用人の数は９１５８人に達していますが、その需給関係は年とともに不均衡をきたし、最近は著しい需要超過となり、そのため女中の雇入れに悩みつつある家庭が少なくありません。女中の求人倍率は3倍になり、就職は求人１００人に対してわずか10人という有様で、女中難の声は高まる一方です。しかし、「女中の雇傭制度は依然旧套を脱せず旧来の伝統的形態を残して更に改善する所がない。然るに教育程度の向上と文化の進展とに伴ひ従来の忠実と服従とを強要された主従関係の雇傭制度を喜ばず、殊に近来婦女子の職業部門は限りなく拡大し、凡ゆる方面に其の進路が展げられつゝあることが一層女中希望者を減少せしめた大なる原因となつたのではあるまいか」と、社会の近代化がその背景にあると推測しているのです。

これとちょうど裏腹の関係にあるのが、『派出婦調査』の記述で、近時住込みの女中希望者は年とともに激減し、その需給の円滑を欠きつつあるのに対して、派出婦又は家政婦の増加が必然的傾向にあるのは当然の結果といわなければならないとしています。

1937年調査において、女中を使用していた世帯数は6384世帯、女中の数は7570人でしたが、調査できたのはその9割強で、世帯数5883世帯、女中6921人でした。女中は年齢層が若く、19歳以下が2773人（40・1％）、20〜25歳が3219人（46・5％）と大部分を占めています。就職経路は圧倒的に知人友人の紹介が多く3488人（50・4％）、次いで親戚の世話1531人（22・1％）、父母兄弟の縁故1042人（15・1％）で、江戸時代以来の口入屋は441人（6・4％）、公営の職業紹介所は298人（4・3％）に過ぎません。

今日の目から見てその労働条件で気になるのは労働時間の長さです。まず起床時間は、午前5時が2452人（35・4％）、5時半が1556人（22・5％）、6時が1822人（26・3％）で、一番早い午前3時から6時までで9割近くになります。一方就寝時間は、午後10時が3252人（47・0％）で一番多いですが、12時以降も620人（9・0％）

いて、拘束時間は平均で16～17時間になります。そしてその間に自由時間なしというのが３６１２人（52・２％）と過半数を占め、自由時間ありでも１時間とか２時間といった短いものです。

給料の状況もまことに前近代的な姿を呈しています。無給が１２９人、未定が１１０人、有給６１６８人のうちでも２２０人は前借年期であって支払はありません。支払われる者でも平均10円程度で、10代の女中だと５～６円くらいです。

これに対して派出婦数は６９３人で、年齢層は女中よりかなり高く、25～29歳が１４３人（20・６％）、20～24歳が１１３人（16・３％）、30～34歳が１１１人（16・０％）、35～39歳が97人（14・０％）等と、高年齢層までまんべんなく分布しています。また女中は９割が未婚女性ですが、派出婦では未婚が２３７人（34・２％）、有配偶が１７１人（24・７％）、死別が１８６人（26・８％）、離別が99人（14・３％）と、離死別者が４割以上を占めていることが注目されます。

当時の営利職業紹介事業者の中には、派出婦会の進出のせいで商売があがったりだという悲鳴を上げる向きもあったようです。１９３９年６月に東京府学務部職業課がまとめた『営利職業紹介業に関する調査』には、「公設紹介所並に派出婦人会の増設により求職者漸減傾向」、「派出婦人会に入会するものあるにより影響するところあり」、「派出婦人会が出来た為め女中希望が減少す」、「家政婦会の増加により営業不振甚し」、「派出婦人会の発展のため求職者激減せり」といった声が並んでいますし、それも一つの要因となって「女中不足にて増給を要求する向多し」、「女中を嫌ひ通勤を条件とせる店員女工を希望する者急増し女中難の傾向著し」という状況が広がっていたようです。ただ、営利職業紹介事業の不振の最大の理由は、「男子は出征女子は留守宅を守る等の関係より求職者著しく減少し営業不振なり」とあるように、戦時体制の進行にありました。

4　女中による放火事件

さて、派出婦会の人気と裏腹の女中の不人気ぶりについて当時の調査結果をいくつか見てきましたが、数値データばかりであまり真に迫る感覚が湧かないとお感じの読者もあるかもしれません。そこで、ここらでいささかエピソード主義的に、当時話題となった女中による主人宅の放火事件について、読売新聞社婦人部編『何が私を不良にしたか?』（森田書房、１９３５年）の記述を引用することで、当時の女中の生活労働条件の悲惨さの一端を窺うことにしたいと思います。

暇も呉れず昼夜の虐使　いつそ放火して！　ハツと思つたがもう遅かつた

松山秀子（一六）――仮名は女中奉公にゐるうち、女主人の無理解な酷使に耐へられず遂に放火しました。併《しか》しその理由は大いに恕《ゆる》すべき点があるので、少年審判所でも同情の目を向け、現在はある理解ある家庭の女中として働いてゐます。

「お秀、二階の廊下が汚れてゐるから直ぐ掃《ふ》いておゝきよ」

「縁先におしめが出してあるから洗ふんだよ」

「旦那の靴も磨いてね」

「物干のシーツは入れたかい」

「植木鉢に水を忘れないでね」

「それから仕事が済んだら八百屋へ行つて、お大根と葱を買つてあとで一寸私の肩を揉んでおくれよ」

　奥様は何時《いつ》もこんな風に五つも六つもの用事を一時に云ひつけるのです。そしてその中の一つでも忘れようものなら、それは〳〵大変なお叱りです。

「ほんとにお前はボンヤリしてゐるよ。私が物を云ひつけた時によく聞いてゐないんだネ。主人を馬鹿にしてゐるよ。あーア使はれる者よりも使ふ方がどんなに気苦労だかわかりやあしない」

　奥さまは目をつり上げて叱るのです。

　こゝのお宅は御主人が会社員で、奥様との間に十二歳の男の子を頭に三人の子供があります。女中は私一人で、御飯炊きから掃除、お子様達のお世話まで随分仕事が多くて、朝の五時頃から夜は十二時すぎまで殆んど休む暇はありません。私がこの家に仕へたのは、私の小学校の山下先生のお世話で来る前までは

「大した仕事もないから勉強や裁縫をする暇を与へる」

といふお話でした。でも住み込んでみるとそれどころではありません。一寸雑誌を見てゐても

「また怠けてゐる」

と叱られます。

　住み込んで半年余り経つた頃、丁度御主人が一ト月ほど旅行されたので、その帰宅後は毎夜々々お客の来訪が多くて私はもうテンテコ舞ひの忙しさ。その上後片づけが遅れるので床につくのはきつと一時をすぎるのです。そして朝はやはり四時か五時に

起きなければならないので眠くて〳〵たまりません。そのため、一度御飯を炊つけたまゝ、うつかりうたゝねをしてしまつて、御飯を黒焦げにしたことがありました。その時、奥様はまるで鬼女のやうになつて私を叱りつけ、私の頭から冷水をぶつかけるのです。また私を打《ぶ》つたり抓《つね》つたりすることも毎度のことでした。旦那様の話では、奥様はひどいヒステリーださうですが、私は冷水をかけられた時ほど心から奥様を「ひどい女」だと憎らしく思つたことはありません。奥さんは朝もゆつくり寝、昼寝もしたい放だいで、その上私に肩や腰を揉ませて、のん気にしてゐるのに、私は毎日タツタ三時間か四時間より眠らないのですもの、居眠りしないのが不思議ぢやないでせうか。

「折角ですけれど、お暇を頂きたいと存じます」

　或日私はたうとう思ひ切つて奥様にさう申しました。すると奥様はまた恐ろしい顔で私を睨んで

「暇がほしいのなら勝手に出て行くがいゝよ。その代りお前を家《うち》へ世話して下すつた山下先生を学校を馘《くび》にして困らせてやるから――」

と飛んでもない難題を吹つかけました。山下先生は私の家が貧乏なので女中に世話し

て下さつたいゝ先生です。その先生が私のために馘になるやうでは私もこの家を出るわけにゆきません。何といふ残酷な奥さんでせう！

　それからも酷使と睡眠不足とは毎日募る一方です、私は山下先生に迷惑をかけずに、そしてこの家を出る方法をいろ〳〵と考へてみました。そのうちにふと

「若しこの家が火事になつたら……居るところがないから私も実家へ公然と帰れるだらう」

と考へました。でもその時には未だ私が火つけをするなんて大それたことは思ひつきませんでした。でも誰かゞ火つけでもしなければ火事が起りさうもありません。何時の間にか私は次には火をつける方法まで考へるやうになりました。そして一ト月余りの間、私は「やらうかやるまいか？」と考へあぐみました。ところが或日、お茶碗をウツカリ壊したゝめに、また奥さんから散々叱られましたので、もう辛抱しきれず、たうとうその夜私は台所の障子に火をつけてしまひました。火は直ぐに燃え上つて真赤な焔が天井までもえ上つた時、私はハツとしました。そして大声で奥さんを呼んだんです。けれど……。

こういう苛酷な生活労働条件の下に呻吟《しんぎん》していた若き女中たちにとって、大和俊子たちの始めた派出婦というモダンな働き方は、きらきらと輝いて見えるものだったに違いありません。

5　文学の中の女中　戦前編

ノンフィクション以上に時代の実相を描き出すこともあるのが文学です。実は、女中は戦前戦後を通じて多くの文学作品の素材になってきました。ここではその中からいくつか時代の空気を感じられるものを紹介しておきましょう。

まず、太宰治が1939年に『国民新聞』に書いた「黄金風景」の冒頭の、幼き日の太宰が女中をいじめる描写をじっくり味わって下さい。この時代の主人側から見た女中像を見事に描き出しています。

> 私は子供のときには、余り質《たち》のいい方ではなかつた。女中をいぢめた。私は、のろくさいことは嫌ひで、それゆゑ、のろくさい女中を殊《こと》にもいぢめた。お慶は、のろくさい女中である。林檎の皮をむかせても、むきながら何を考へてゐるのか、二度も三

度も手を休めて、おい、とその度毎《たびごと》にきびしく声を掛けてやらないと、片手に林檎、片手にナイフを持つたまま、いつまでも、ぼんやりしてゐるのだ。足りないのではないか、と思はれた。台所で、何もせずに、ただのつそりつつ立つてゐる姿を、私はよく見かけたものであるが、子供心にも、うすみつともなく、妙に疳《かん》にさはつて、おい、お慶、日は短いのだぞ、などと大人びた、いま思つても脊筋の寒くなるやうな非道の言葉を投げつけて、それで足りずに一度はお慶をよびつけ、私の絵本の観兵式の何百人となくうようよしてゐる兵隊、馬に乗つてゐる者もあり、旗持つてゐる者もあり、銃担つてゐる者もあり、そのひとりひとりの兵隊の形を鋏でもつて切り抜かせ、無器用なお慶は、朝から昼飯も食はず日暮頃までかかつて、やつと三十人くらゐ、それも大将の鬚《ひげ》を片方切り落したり、銃持つ兵隊の手を、熊の手みたいに恐ろしく大きく切り抜いたり、さうしていちいち私に怒鳴られ、夏のころであつた、お慶は汗かきなので、切り抜かれた兵隊たちはみんな、お慶の手の汗で、びしよびしよ濡れて、私は遂に癇癪《かんしやく》をおこし、お慶を蹴つた。たしかに肩を蹴つた筈《はず》なのに、お慶は右の頰をおさへ、がばと泣き伏し、泣き泣きいつた。「親にさへ顔を踏まれたことはない。一生おぼえてをります。」うめくやうな口調で、とぎれ、とぎれさういつたので、私は、流石にいやな気がした。そのほかにも、私はほとんどそれが天命でもあるかのやうに、お慶をいびつた。いまでも、多少はさうであるが、私には無智な魯鈍《ろどん》の者は、とても堪忍できぬのだ。

次に、獅子文六が１９４０年に刊行した『断髪女中』収録の表題作「断髪女中」です。２０１８年にちくま文庫に収録されました。冒頭の主人夫婦の会話が、女中払底《ふってい》の世相をよく映し出しています。

……況《ま》してや、今度の事変が始まつて、直接間接の軍需景気が、一度にドツと、女中適齢の女子を工場に吸引してから、飢饉どころの騒ぎではない。新規雇入れは、銅《あか》の雨樋《とい》を拵《こしら》へるのと同じやうに、諦めるのが早道である。

「ほんとに、どうして、かう意地悪く、無いもんでせうね……」

そこで、本多さんの奥さんは、三ケ月間の女中探しが徒労に了《おわ》つてるのを、良人《おっと》に嘆くのである。

「つまり、女中といふ職業が、ワリが悪いからだらう。労力に比較して報酬が厚いとか、或ひは労銀そのものの額が断然他の職業を抜いてるかといふならば、必ず女中志望者が雲集しなければならない。水は低きについて流れるものだから……」

主人は、自分が台所仕事をする必要がないので、呑気な理屈を列《なら》べてゐる。

「だつて、家《うち》なんか、家族は二人きりだし、お掃除はラクだし、十円のお給金なら文句はないと思ひますわ」

「お前は思つても、先方はどうか知れん。報酬問題は別としても、近頃の女性は、田舎の娘でも、なか〳〵気位が高くなつてる。二十四時間、ノベツ幕なしに駆使されるといふ理由だけでも、女中を嫌ふのだと新聞に出てゐた。外国の女中のやうに、毎日夜間は自由時間で、その上、一週一回の休日があるといふやうになれば、女中問題は自然に解決すると思ふ」

「まア、バカ〳〵しい、いくらなんだつて、二十四時間女中を使ふ家が、あるもんですか。夜は、チヤーンと臥《ね》かしてやりますわ」

「要するに、女中難といふ事は、経済、社会、思想の問題に大なる関係をもつてるのだから、三月や半年で、解消する筈はない。お前も、人の顔さへ見れば、女中々々といはないで、もう雇入れを諦めなさい。女中なしで、やつて見るんだね。運動になつて、体のためにもきつとよろしい」

「おほきにお関《かま》ひ……。運動なら、ハイキングでもなんでも致します。女中といふものは、呼鈴《ベル》や冷蔵庫と同じやうに、どこの家にも無くてはならないものですからね。第一、あなたの仰有《おつしや》るやうに、日本中に女中が一人もないなんて、大嘘ですわ」

「いつ、そんなことをいつた？」

「さう聴えましたよ。いくら女中払底にしたつて、我家《うち》で雇ふのはたつた一人でいゝンですから、無いわけはありませんわ」


そこでようやく見つけた女中が断髪のモダンガール。彼女は女中として完璧なのですが、奥さんは気にくわないのです。


「ほんとに、あんな得体の知れない女中ツて、始めて置いたわ」

「しかし、なか〳〵、よく働いてるやうぢやないか」

「えゝ。朝だつて、起さなくても、きまつて六時に起きるし……」

「僕の靴も、よく磨いてある」

「流し元は、いつも清潔にしてありますわ」

「書斎の掃除も、前の女中より、叮嚀だ」

「使ひに出しても、とても早く帰つてきます」

「此間、押売りを断はつてゐたが、実に手に入つたものだつたぜ」

「さういへば、あたしの留守に、水道料のお払ひが、チヤーンと立替へてありましたわ」

「料理は、あの通り、和洋支を兼ねて心得てゐるし……」

「お裁縫だつて、男の袴が縫へるから、相当のものでせう」

「すると……べつに、文句をいふ点はないぢやないか」

「大有りだわ、第一、生意気だわ。ぢきに、理屈を列べるンですもの」

「ほウ。お前に、喰つて掛るのかね」

「といふわけぢやないけれど、いやに筋の立つたことをいふのよ」

「論理の確かなのは、欠点にならんよ」

「それアさうだけれど……。でも、どう考へても、やつぱり生意気で、気に喰はないところがありますわ」

と、細君、しきりに考へてゐたが、ポンと膝を打つて、

「さう！　断髪だからよ——断髪がイケないンだわ」

無智で魯鈍だといって女中をいじめる者がいる一方で、完璧に仕事をこなしても理屈を並べて生意気だと嫌われる無理難題の世界です。

第3章　労務供給請負業

1　ピンハネ親方の労務供給請負業

第1章で見たように、派出婦会に営利職業紹介事業取締規則が適用されないのは、そのビジネスモデルが「雇傭の仲介斡旋」ではなくて「労務の供給請負」だから、という理由でした。では、労務の供給請負を規制しようという声はなかったのでしょうか。いや、存在しました。むしろ、派出婦会のようなニュービジネスを意識したものではなく、昔から存在するやくざまがいのピンハネ事業をなんとかしなければならないという問題意識が、１９２０年代から１９３０年代の日本では強かったのです。

その問題意識は、臨時工問題の一環として議論されていました。戦前のこの頃も現代の正社員と非正規労働者の問題と同様、本工に比べて賃金が低く身分が不安定な臨時工をどうするかという議論が盛んに行われていたのです。例えば当時、内務省社会局労働部の北岡寿逸《じゅいつ》監督課長は、『法律時報』の１９３５年６月号に載せた「臨時工問題の帰趨」において、「臨時工の待遇は本来よりすれば臨時なるの故を以て賃銀を高くすべき筈」なのに、「常傭職工より凡ての点に於て待遇の悪いのを常例とする」のは「合理的の理由のないことゝ曰《い》はなければならない」とし、「最近に於ける臨時工の著しき増加に対して慄然として肌に粟の生ずるを覚える」とまで述べていました。ちなみに、北岡寿逸の又甥《またおい》が北岡伸一ＪＩＣＡ前理事長です。

この頃の臨時工問題に関する代表的な文献として、矢次《やつぎ》一夫が書いた『臨時工問題の研究』（労働事情調査所、１９３５年）があります。ここでちょっと脇道に入って、この矢次一夫という人物の説明をしておきましょう。

彼は16歳の頃に家を出て、人夫《にんぷ》、沖仲仕《おきなかし》、鉄工所などを渡り歩いて肉体労働に明け暮れる放浪生活を経験した後、北一輝の食客《しょっかく》となって労働運動の渦中に身を投じ、１９２１年に協調会に入り、１９２４年退会。１９２５年に労働事情調査所を創立し、野田醤油争議、共同印刷争議、日本楽器争議などの大争議の調停にあたり、辣腕を振るいました。１９３３年に陸軍の依頼を受け、官僚、学者、社会運動家、政治家などを集めて国策研究同志会を組織。これが１９３７年に国策研究会となり、戦時中は大政翼賛会参与、翼賛政治会理事などを歴任しています。終戦後は公職追放されましたが、占領から独立後、国策研究会を再建。１９８３年に83歳で死去するまで政界の裏側で活躍した戦後右翼の大物です。文春学藝ライブラリー『岸信介の回想』においては、歴史学者の伊藤隆とともに聞き手になっています。

さて、『臨時工問題の研究』は矢次が労働運動家から国士に移行しつつあった頃の著作ですが、（恐らく自分も経験してきたであろう）労務供給請負業の実態に対して厳しく指弾するような記述が連ねられています。彼によれば、人夫供給請負業者と称するものはいわゆる人夫供給のブローカーで、おおむね労働下宿の設備を保有し、一般には何々組、何々商会、何々会と称しています。

彼らは通常、労働者募集取締令による正規の手続をとることなく、飯屋や電柱、あるいは共同便所等に「官公署人夫雑役夫《ざつえきふ》募集」の貼紙をし、あるいは公益職業紹介所に対して個人名義で求人の申込をするなど、人夫の募集に不断の努力を費しています。これらの宣伝や募集に応じて訪れた求職者からは、例えば東京近隣の実例でいうと、1〜2円の入会金を徴収し、その貸与する労働用具の保証金として3〜5円を預り、住込みの者からは寝具代及び部屋代として1日25銭を徴収し、食事付の場合は80銭を徴収するのが普通です。そして常に5〜80名前後の下宿者を有し、賃金の精算は月1〜3回が普通で、決して日払をしません。また5〜10日分前後の収入を貯蓄の形式で差引き請負人の手元に保留し、こういうやり方で労働者の足留策としているのです。

需要先は官公署、会社、工場等の臨時工、人夫、雑役夫、手伝いが主で、一般家庭の大掃除、移転から建築工事における大工、左官等の手伝いに至るまでを含んでいます。人夫供給請負業者は一般に玄関構えも堂々として電話を備え、労働者からは大将と呼ばれて長火鉢の彼方に祖袍《どてら》を着て、大布の座蒲団の上に親分然として納まり返っているのだ、という描写は、おそらく矢次一夫自身の人夫時代の経験に基づくものだと思われます。

　労賃はすべて親方が直接集金し、そのピンハネ率はおおむね1～5割であって、賃金が高くなるにつれてピンハネ率も高くなっていくようです。例えば労賃が1円50銭の場合は20～50銭をピンハネし、労賃が3円の時は50銭～1円50銭をピンハネしているのです。彼ら同業者間には人夫の需給調整のための相互の連絡があります。人夫の供給に不足を生じた場合にはその需要口1人につき普通10～30銭のピンをハネて他の同業者にこれを回付します。これを引き受けた同業者がなおその需要を充足するに足らない時は、さらに他の同業者に同様のピンハネをした上で引き継がせる、という仕組みです。こうした連絡が繰り返されていく結果、労働者は出面《でめん》（日雇労務者の日当）を数次にわたって削られ、遂には賃金の体裁をなさないまでに差し引かれてしまいます。

　けれども人夫供給請負業者は仕事にあぶれ（仕事をなくして徒食すること）るよりも、一食だけでもありつきたいという労働者の弱点につけ込み、わずかな実収賃金にもかかわらず一人前の労務を課すのです。また逆に人夫に対する需要不足の場合は、住込みの労働者は前記のように数次にわたって削られ細った賃金に甘んずるか、さもなくば無為徒食のほかに道がありません。無為徒食はすなわち親方からの前借を意味し、この前借が積み重なって抜き差しがならなくなり、ここから足を抜けられなくなってしまうというわけです。親方はこれに対して何らの義務も負うことはありません。

　このような労力供給請負業者については、請負契約に基づく普通の営業として放任され、営利職業紹介業者、労働者募集従事者に対するような取締法規がないことに対して、矢次一夫は厳しく批判をしています。原文は、矢次の人夫供給請負業者に対する義憤が滲み出てくるような熱っぽい文章です。

2　人夫供給業の経験談

　矢次一夫が戦後書いた『この人々――私の生きてきた昭和史』（光書房、１９５８年）から、こうした義憤の原動力となっていたであろう若き日の思い出を引用しておきましょう。

　……家出の目的は、東京に出て勉強するつもりだったんだが、久留米ガスリに、小倉袴というかっこうで、風呂敷一つの姿は、ただの学生とは見えず、一ト目で家出少年と見当がついたろう。まごまごしている間にポン引に捕って、簡単に八幡製鉄所の人夫部屋に売りこまれてしまった。しかたがなく、ここで二カ月ばかり働いたが、金は一銭もくれず、増えるのは借金ばかりというので、わずかの金をふところに逃げ出した。……そして、それから三日間、水ばかり飲んで、野宿を重ねつつ、ひょろひょろしながら、徳山に着いた。夜の十時頃であったかと思うが空腹と疲労で、道端にしゃがみこんでいたところを、また、通りかかったポン引に拾われて、徳山燃料廠につれこまれ、ここで三年近く働くことになってしまった。それというのが、ひどい監獄部屋で、逃げるに逃げられずで辛棒したわけだが、ようやく脱出の機会を得て、数人の仲間とともに飛び出した。

ところが、この仲間の一人に悪い奴がいて、途中、甘言に乗せられ、風雨の中を小舟で、命からがらの目にあいながら、大阪鉄工所因島工場につれこまれて、またも何カ月かの監獄部屋生活を、余儀なくされてしまった。どうも、私の少年時代は、まことに「坊ちゃん」的で、何事によらず、のべつだまされてばかりいたらしい。ときどき思い出して、ひとりで苦笑するようなことが非常に多い。

昭和初期には、こうした労務供給請負業に関する本が何冊も出されています。その中でインテリ青年の生々しい実体験を描いたものに、吉田英雄『日稼哀話――日傭労働者の奴隷的労働とそのどん底生活の記録』（平凡社、1930年）があります。

> 大正十四年二月、私は方々働き口を探した末、東京府職業紹介所が当時まだ萬世橋のところにあつた頃そこの紹介を受けてお茶の水の橋の近くある三共商会の労働下宿に転げこんだのを振出しに二三ヶ所の労働下宿を浮浪《うろ》ついたが、一番初めだけに印象の深かつたお茶の水附近にある三共商会の労働下宿に就て話さう。萬世橋から水道橋に出るあの堀端の道の下にある労働下宿、お茶の水の橋から水道橋の方へよつたところに苦学生募集、意志鞏固健闘の士は来れと書いた看板が見える。（確かあそこは本郷元町だつた）。私は紹介状をもつてその労働下宿を訪ねた、道路から少し下りて行つた川側に細長い長屋があつて、片がはが鶏舎、片がはが労働下宿だ。三十がらみの内儀《おかみ》が出て来て「入会金が入りますよ」といふ。「幾らだ」ときくと二円だといふので財布の底を叩いて二円を渡し、別にその晩の屋根代二十銭を徴収された。
>
> そして部屋へ案内されたのがさつき云つた一軒に三間の細長い長屋建だ、もちろん

バラツクである。うすぐらい部屋だなと思つて中を見ると病人が顔をあげてこつちをぢつと見てゐる。何だか気持が悪かつたが、金をとられての上だ「仕方がない」とあきらめて部屋の中にころがり込んだ。

　まるで豚小屋よろしくだ。しばらくすると仕事に出てゐた連中がどか〳〵帰つて来る、汗だく〳〵である。総勢二十三人、病人と私を加へて二十五人、一間に三間の屋根下をその晩から塒《ねぐら》として明日から働きに出るのだ。

　そこで私は約十日ばかりゐて飛び出したのだが、私の働いたのは東京市道路局の下水工事の泥運びだ。確かそのとき道路局からは一円五十銭出した筈だが、私の手取りはその中から屋根代二十銭、飯代八十銭を控除せられた残りの五十銭、その中から手数料として三十銭の頭《ピン》を刎《ハ》ねられ十日で通計二円になるのだが、その上二円の入会金と初夜の屋根代二十銭を無料《ただ》とりにされ、おまけにスコツプの借り賃とか何とかで、使ひもしない道具代の保証金三円を捲き上げられてゐるので、こつちから釣銭を五円二十銭出して十日間無料《ただ》働きをした訳だ。勿論飛び出すからといつて、保証金など返してくれる心配はないので、勝手に退散する外は仕方がないのだ。ところがまだその上に積立金といふ奴をせねばならないのを私は借金にしてゐるので、大手をふつても退散されぬ仕末だ。そこで仕方がないから逃亡ときめて、さてそのときを待つたが監視つきと来てゐるから念入りだ、これではまるで監獄部屋同様だ。

とう〱労働現場で昼休みを利用して逃げ出したものだ。後で気がついたがシヤベルの一挺位さげて呉ればよかつたと思つたが、かへつてそのとき労働下宿へプルードンの『財産とは何ぞや』といふ書物を一冊忘れて来てゐた。いつかとりに行きたいと思つたが、これを書くまで忘れてゐた位だから今から行つたところで喧嘩にもならない。


プルードンの『財産とは何ぞや』を愛読するインテリ青年のピンハネ人夫供給業初体験の一幕ですが、まさにこのピンハネの構造が「財産……それは盗みである」というプルードンのテーゼを実証しているところが、なんとも言えない皮肉な味を醸し出しています。ちなみに、プルードンは19世紀フランスの無政府主義者で、マルクスの論敵でした。当時の日本ではアナ・ボル論争といって、左翼陣営の内部で、プルードンやバクーニンらのアナキズムを掲げるグループと、マルクスやレーニンを奉じるボルシェビキ派との対立が激しかったのです。

『日稼哀話』には、その後吉田が経験した重層請負タイプのピンハネの図解も載っています。2円30銭の単価契約が中間搾取を繰り返して本人の手に渡るときには30銭になっているというすさまじいピンハネの構図です。

以上述べたのはほんとの一例にすぎない。人夫請負業者の自由労働者に対する賃銀頭刎《ピンハネ》なるものはその様な手軽なことばかりではない。前述の場合はまだ〳〵いゝ方で酷いのになるともつと〳〵頭《ピン》の刎《ハネ》方があくどい。

例へば、私がその後失業のどん底におちたときの如きは、甲の請負業者から乙の請負業者の手を経て丙の請負業者に行き、そこから労働需要者の手に移るといふ順序をとつたことがある。そのときの如き一日働いて僅か三十銭ばかりの労働賃銀を貰つてやつと空腹を凌ぐことだけは出来たが、三十銭では宿銭はおろか三度の飯もろくに食へないといふ酷い目に逢つた。それも一日や二日なら我慢も出来やうが、来る日も来る日もといふ調子には流石に半分参つて了つた。いまそのときの賃銀頭刎《ピンハ》ねの状況を図解すれば次の如くである。

これは勿論住込の場合ではなかつたが、若しも住込みでゞもあつたら借金に借金で結局首が廻らなくなつた挙句の果が北海道へでも送られてゐたかも知れない。こんなことはよくある手で、それに引かゝつたが最後、時には生命まで棒に振らねばならないことがある。

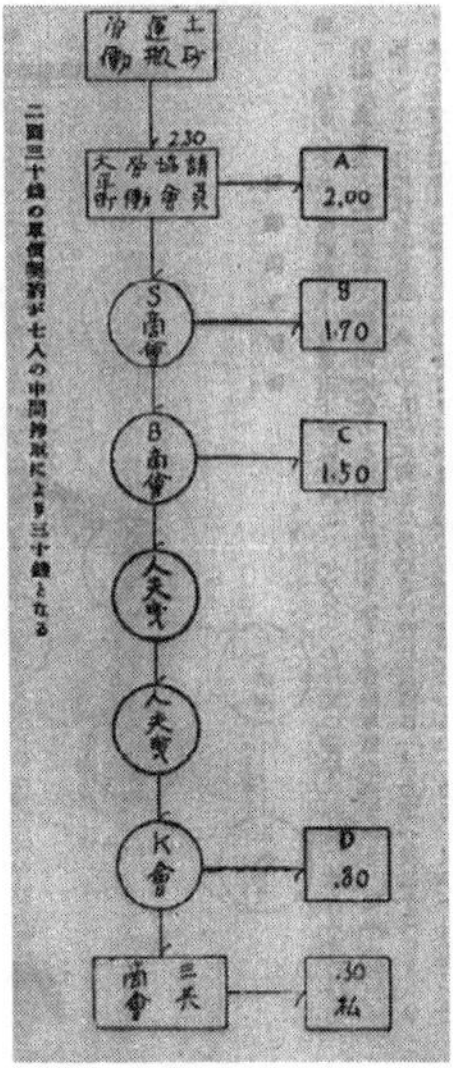

図5　重層請負のピンハネの構図

3　労務供給請負業への規制の試み

　さて、矢次一夫の『臨時工問題の研究』には、1934年7月に大阪府知事からの照会に答えて内務省社会局が労力供給請負業者は営利職業紹介事業に該当しない旨回答した文書が附録として掲載されています。これは既に東京周辺で事業を行っていた職夫請負合名会社が大阪に進出してきた時に、大阪府知事の方から、営利職業紹介事業に該当し許可を必要とすべきものではないかと思われるけれども、既に他府県下において無許可で営業を継続中のものであるので、念のために疑義照会したものです。

　ところがこれに対して、内務省社会局は否定的な回答をしたのです。すなわち、まず当該営業者が労力の供給請負をする場合であれば現行の営利職業紹介事業取締規則の適用はないものとして取り扱われたいと述べた上で、本件については次のような諸点を挙げて、適用に否定的な回答をしています。
一、本件職夫請負合名会社の設立の目的は、官庁、会社、商店及び工場の需要に応じて、手数料を徴収して職夫及び人夫の供給を請け負うものであって、営利職業紹介事業を営むものとは認められないこと。
一、同社はもっぱら第三者を使用し特定の仕事の完成すなわち労務の結果を生じさせるために、既に供給した労働者がやむをえない事由の発生により特定の労務を遂行することができなくなった時には、必ず適当な代わりの者を供給してその仕事を完成させる義務を負うものであること。
一、同社は注文者からの仕事の結果に対して一定の報酬（賃金）を支払い、当該請負代金との差額を利得することを以て業とするものであること。
一、従来本件に関する疑義照会に対し、当局の公定解釈として、営利の目的を以て労力の供給請負をする者は現行の営利職業紹介事業取締規則の適用のないものとして、その適用範囲に含めないものとして取り扱わせた実例が存在すること。
一、過去に起こった営利職業紹介事業取締規則の違反事件に関する二、三の裁判例においても、労力供給請負業は職業紹介業とは截然と区別して、営利職業紹介事業取締規則の適用はないものとの判決が下された実例が存在すること。

一、以上の諸点から考察すると、同社の事業は営利的な労力供給請負業であって、求人者と求職者との中間に介在して一時的に不特定多数人に職業の紹介をするいわゆる営利・有料職業紹介業者ではないことは明瞭である。

この内務省社会局の回答の中で裁判例に言及していますが、そのうちの一つがやはり矢次一夫の同書に掲載されています。これは、上の疑義照会にも出てきた職夫請負合名会社の社員平山昌次に対する営利職業紹介事業取締規則違反事件の１９３１年12月10日東京区裁判所判決ですが、よく読むと、必ずしも労力供給請負事業の性質を判断したものではなく、被告人は事業主ではなく社員として従事しただけだから無罪だと述べている（「事件行為ハ被告人ガ東都職夫請負合名会社ノ社員トシテ右会社ノ業務ヲ執行シタルニ止リ自ラ営利職業紹介事業ヲ為シタルモノニ非ラザル事実ヲ認メ得ルヲ以テ右会社自体ニ違反行為アルハ格別被告人ノ右行為ハ罪トナラズ」）もので、これは内務省社会局の判断の根拠とはなり得ないようにも思われます。

一方で、こうした事業形態に対して一定の規制を加えるべきだという考え方は、浜口雄幸内閣時の１９２９年12月21日に社会政策審議会が答申した「職業紹介機関ノ整備充実ニ関スル要綱」の中に「労力供給、派出制度等職業紹介類似ノ行為ニ関スル取締規則ヲ制定スルト共ニ失業者ノ弱点ニ乗スル不良行為ノ取締ヲ厳ニシ失業者ノ保護ニ遺憾ナカラシムルコト」として盛り込まれており、世論の関心も高まりつつありました。

この問題について東京地方職業紹介事務局は１９３５年６月に「労務供給請負業ニ関スル調査」を行っています。これは関東一府五県の仲仕、土木建築、工場雑役等の人夫供給請負業を調査したものですが、これを受けた同年９月の「労務供給請負業ニ対スル当局意見」では、この労務供給請負業に対する極めて厳格な見解を示しています。以下、適宜現代語に訳して見ていきましょう。

現行法ではこれら労務供給業者は注文主に対して特定人を紹介するのではなく、一定期間に不特定人又は労力を供給することを約束したに過ぎないからという理由で、営利職業紹介事業取締規則の適用範囲から除外された状況にあるが、しかしその機能を実質的並びに社会通念から見れば、どちらも労働者をして労働に就かせるまでの仲介又は誘導をするものであって、その結果においては職業紹介と何ら異なるところはなく、しかもこれによって多額の中間搾取が行われていることを考えれば、かかる異名同質のものを取締りから除外して全然放任することは職業紹介法の精神に照らしても不合理といわざるをえない。

一方、社会政策の観点から見ても、雇傭関係が曖昧であって、労働者保護の責任の帰属が明確でないというようなことは大いなる欠陥というべきであり、人道上から見ても人身にある種の拘束を伴うような労働契約を営利を目的とする第三者において行うなどというのは人格を無視するものであって、契約自由の原則にも適しないものといわざるをえない。かかる存在は速やかに社会から排除し、その殲滅《せんめつ》を期すべきだと思われる。

そうはいっても、労務供給請負業はその関係するところが土木建築、交通運輸、各種生産会社工場その他あらゆる産業にわたっており、とりわけ土木建築請負業とは形影不離《けいえいふり》の関係を有するので、その禍根を艾除《がいじょ》するには現今の請負制度に対しても根本的改善を必要とし、その波及するところははなはだ大きなものがあるので、今直ちにこれを消滅させることは困難であり、当面は厳重な取締規則を設けて現存供給業者に改善を加えてその弊害を除去しつつ、将来その数を制限して徐々にその消滅を図るという方法を採るべきであろう、云々。

この意見書が、次に述べる１９３８年改正職業紹介法による労務供給事業に対する規制の導入につながっていくことになります。

第４章　労務供給事業規則による規制の時代

1　改正職業紹介法と労務供給事業規則

前章で見たように、1920年代から1930年代の日本では、やくざまがいのピンハネ稼業である労務供給請負業をいかに規制し、取り締まるべきかというのが、大きな政策課題になりつつありました。これを実現したのが1938年4月1日に行われた職業紹介法の全面改正だったのですが、この改正の主眼はまず何よりも市町村営の職業紹介所を国営化することにありました。その最大の要因は、満州事変や日中戦争が勃発して、軍需産業等への労務要員を充足する必要性が急速に高まったことにあります。職業紹介所の位置づけは一変し、失業救済機関としてではなく、労務資源開拓機関として国営化されるに至ったのです。

その提案理由説明では「支那事変下ニ於ケル当面ノ問題トシテハ、一方ニ於テ軍需労務ノ充足ヲ敏速適確ナラシメルト共ニ、他方ニ於テハ事変ニ伴ツテ生ズル職業転換等ヲ円滑ナラシメ、克《ヨ》ク長期対戦ニ堪エ得ル措置ガ必要」等と述べており、国家主義的発想が前面に出ていることが窺えます。

この改正で国営化された職業紹介所は、同年4月1日の国家総動員法公布により、職業紹介よりも労務統制、労務動員が主たる業務となっていきました。そして職業紹介所の名称も、1941年2月1日には国民職業指導所に、1944年3月1日には国民勤労動員署に改められ、また1942年11月にはその所管が厚生省から内務省（警察行政）に移管されました。国民勤労動員署は、軍隊からの召集令状（赤紙）に次いで怖がられた徴用令書（白紙《しらがみ》）を発行するところとして大変恐れられたといわれています。

しかしそれと同時に、この改正は民営職業紹介事業を原則禁止する規定を導入するとともに、それまでは規制の対象外であった労務供給事業についても許可制を導入し、規制の対象に含めたのです。本書が注目するのはもちろんこちらの方です。

> 職業紹介法改正法律（昭和十三年四月一日法律第六十一号）
>
> 第八条　労務供給事業ヲ行ハントスル者……ニシテ命令ノ定ムルモノハ地方長官（東京府ニ在リテハ東京府知事及警視総監トス）ノ許可ヲ受クベシ
>
> ②　前項ノ労務供給事業……ニ関シ必要ナル事項ハ命令ヲ以テ之ヲ定ム
>
> 第九条　左ノ各号ノ一ニ該当スル者ハ六月以下ノ懲役又ハ五百円以下ノ罰金ニ処ス
>
> 二　第八条ノ規定ニ依ル許可ヲ受ケズシテ有料又ハ営利ヲ目的トスル労務供給事業ヲ行ヒタル者

この1938年改正職業紹介法は労務供給事業を許可制としたのですが、「命令ノ定ムルモノ」として、同年6月29日の省令（労務供給事業規則）では常時30人以上供給する事業が対象とされました。もっとも、この規模要件はその後数年間で縮小撤廃されていきました。すなわち、1940年11月15日省令改正で常時10人以上供給する労務供給事業となり、1941年12月29日改正で全ての労務供給事業者に適用されるに至ったのです。

ここでは、1938年時点での同省令の法文を掲げておきます。これは、戦後の1948年に労働者供給事業がほぼ全面禁止されるまで、労務供給事業が許可制の下で認められていた時代の重要な法的文書なのです。

労務供給事業規則（昭和十三年六月二十九日厚生省令第十八号）

第一条　本令ハ職業紹介法（以下法ト称ス）第八条ノ規定ニ依ル労務供給事業ニ之ヲ適用ス

第二条　法第八条第一項ノ規定ニ依リ許可ヲ受クベキ労務供給事業ハ臨時ニ使用セラルル労務者ヲ有料ニテ又ハ営利ノ目的ヲ以テ常時三十人以上供給スル事業トス

第三条　労務供給事業ノ許可ヲ受ケントスル者ハ左ニ掲グル事項ヲ具シ事業所所在地ヲ管轄スル地方長官ニ申請スベシ
一　本籍、住所、氏名、年齢及履歴、法人ナルトキハ其ノ名称、主タル事務所ノ所在地、定款、理事其ノ他ノ法人ノ業務ヲ執行スル役員ノ住所、氏名及履歴
二　事業所ノ所在地及名称
三　主トシテ労務者ヲ供給スル区域
四　所属労務者ノ業務ノ種類
五　供給ニ依ル収益方法又ハ報償ノ額若ハ率
六　他ノ者ヨリ供給ヲ受ケタル労務者ヲ供給スル場合ノ利益ノ配分方法
七　所属労務者ニ対スル賃金支払ノ方法
八　所属労務者ノ業務上ノ負傷、疾病、死亡等ニ対スル扶助其ノ他ノ措置
九　所属労務者ニ対スル金品ノ貸付及回収方法
十　所属労務者ノ宿泊施設ヲ設クルトキハ其ノ所在地、構造（平面図添附）、宿泊定員及宿泊料金額
十一　所属労務者ニ対スル福利施設ヲ設クルトキハ其ノ内容

第四条　労務供給事業ヲ行フ者（以下供給業者ト称ス）ハ事業所ノ所在地、前条第三号乃至第十一号ノ事項又ハ法人ノ定款若ハ理事其ノ他ノ法人ノ業務ヲ執行スル役員ヲ変更セントスルトキハ事業所所在地ヲ管轄スル地方長官ノ許可ヲ受クベシ

第五条　前二条ノ許可ノ申請書ハ事業所所在地ヲ管轄スル警察署長（以下警察署長ト称ス）ヲ経由スベシ

② 前二条ノ場合ニ於テハ許可申請書ノ副本ヲ事業所所在地ヲ管轄スル職業紹介所長（以下職業紹介所長ト称ス）ニ提出スベシ

第六条　供給業者及其ノ同居ノ戸主、家族ハ宿屋、料理屋、飲食店、貸座敷、待合、芸妓屋、遊戯場、芸妓娼妓酌婦若ハ之ニ類スルモノノ周旋業、質屋、古物商、金銭貸付業其ノ他之ニ類スル営業ヲ為シ又ハ其ノ営業者ノ従業者トナルコトヲ得ズ代書人規則ニ依ル代書人又ハ其ノ補助員トナルコト亦同ジ

② 前項ノ規定ハ供給業者法人ナルトキハ理事其ノ他ノ法人ノ業務ヲ執行スル役員ニ、未成年者ナルトキハ其ノ法定代理人ニ之ヲ準用ス但シ其ノ営業ニ関シ成年者ト同一ノ能力ヲ有スル未成年者ノ法定代理人ニ付テハ此ノ限ニ在ラズ

第七条　供給業者ハ未成年者、禁治産者、準禁治産者又ハ妻ニシテ其ノ法定代理人、

後見人、保佐人又ハ夫ノ承諾ナキ者ヲ所属労働者ト為スコトヲ得ズ但シ已ムヲ得ザル事由ニ因リ其ノ承諾ヲ得ルコト能ハザル場合ニ於テ本人ヲ保護スル者ノ承諾アルトキハ此ノ限ニ在ラズ

第八条　供給業者ハ左ニ掲グル行為ヲ為スコトヲ得ズ

一　事業ニ関シ誇大又ハ虚偽ノ広告又ハ掲示ヲ為スコト

二　所属労務者ノ意思ニ反シテ供給ヲ為スコト

三　金品ヲ給与シ又ハ貸付ケテ所属労務者タルコトヲ勧誘スルコト

四　被傭中ノ者ヲ勧誘シ所属労務者トスルコト

五　所属労務者ニ対シ其ノ財物ノ保管ヲ求メ又ハ保管シタル財物ノ返還ヲ故ナク拒ムコト

六　所属労務者ニ対シ財物ノ売買又ハ質入ヲ勧誘スルコト

七　所属労務者ノ財物ヲ買受ケテ不当ノ利益ヲ得ルコト

八　所属労務者ニ対シ風俗ヲ紊ル虞アル行為ヲ為スコト

九　所属労務者ニ対シ遊興ヲ勧誘シ又ハ其ノ案内ヲ為スコト

十　所属労務者ノ外出、通信若ハ面接ヲ妨ゲ其ノ他所属労務者ノ自由ヲ拘束シ又ハ

苛酷ナル取扱ヲ為スコト

十一　当該官吏又ハ所属労務者ヲ保護スル者ニ対シ所属労務者ノ所在ヲ隠蔽シ又ハ之ヲ偽ルコト

十二　所属労務者ノ宿泊施設ニ定員ヲ超エテ宿泊セシムルコト

十三　故ナク所属労務者ノ宿泊施設ニ所属労務者ニ非ザル者ヲ宿泊セシムルコト

第九条　供給業者従業者ヲ使用スルトキハ使用開始ノ日ヨリ五日以内ニ其ノ本籍、住所、氏名、年齢及履歴ヲ警察署長ニ届出ヅベシ

②　第六条第一項、前条第五号乃至第九号及其ノ罰則ノ規定ハ従業者ニ之ヲ準用ス

第十条　左ノ各号ノ一ニ該当スルトキハ供給業者ハ七日以内ニ警察署長ニ届出ヅベシ

一　供給業者ノ本籍、住所、氏名（法人ナルトキハ其ノ名称、主タル事務所ノ所在地、理事其ノ他ノ法人ノ業務ヲ執行スル役員ノ住所又ハ氏名）又ハ事業所ノ名称ヲ変更シタルトキ

二　供給業者廃業シタルトキ

三　従業者ノ使用ヲ罷メタルトキ

四　従業者ノ住所又ハ氏名ニ変更アリタルトキ

五　従業者死亡シタルトキ

②　供給業者死亡シタルトキハ其ノ相続人又ハ戸主ヨリ、供給業者タル法人解散シタルトキハ清算人ヨリ前項ニ準ジ届出ヅベシ

第十一条　供給業者ハ事業所ニ別表ノ様式ニ依ル左ノ帳簿ヲ備ヘ日日供給ニ関スル事項ヲ記載スベシ

一　所属労務者名簿

二　労務者供給簿

三　賃金受払簿

②　前項ノ帳簿ハ最後ノ記載ヲ為シタル日ヨリ三年間之ヲ保存スベシ

第十二条　供給業者ハ毎月五日迄ニ前月ノ事業状況ヲ別表ノ様式ニ依リ職業紹介所長ニ届出ヅベシ

第十三条　当該官吏ハ供給業者ニ対シ書類、帳簿ノ提示ヲ命ズルコトヲ得

第十四条　地方長官必要アリト認ムルトキハ第三条第五号乃至第十一号ノ事項ノ変更ヲ命ズルコトヲ得

第十五条　地方長官ハ左ノ各号ノ一ニ該当スルトキハ其ノ事業ヲ停止シ又ハ許可ヲ取

消スコトヲ得

一　供給業者本令若ハ本令ニ基ク命令又ハ之ニ基キテ為シタル処分ニ違反シタルトキ

二　供給業者正当ノ事由ナクシテ六月以上其ノ業務ヲ行ハザルトキ

三　前各号ノ外供給業者事業ヲ行フニ適セズト認ムルトキ

第十六条　警察署長ハ従業者労務供給事業ニ従事セシムルニ適セズト認ムルトキハ其ノ使用ヲ禁止スルコトヲ得

第十七条　左ノ各号ノ一ニ該当スル者ハ拘留又ハ科料ニ処ス

一　第四条、第五条第二項、第六条乃至第八条、第九条第一項、第十条乃至第十二条ノ規定ニ違反シタル者

二　第十一条第一項ノ帳簿ニ虚偽ノ記載ヲ為シタル者

三　第十三条、第十四条又ハ第十六条ノ規定ニ基ク命令ニ違反シタル者

四　第十五条ノ規定ニ依リ事業ヲ停止セラレタル者ニシテ其ノ停止期間中事業ヲ行ヒタル者

第十八条　本令ノ罰則ハ其ノ者ガ法人ナルトキハ理事其ノ他ノ法人ノ業務ヲ執行スル

役員ニ、未成年者又ハ禁治産者ナルトキハ其ノ法定代理人ニ之ヲ適用ス但シ其ノ事業ニ関シ成年者ト同一ノ能力ヲ有スル未成年者ノ法定代理人ニ付テハ此ノ限ニ在ラズ

② 供給業者ハ従業者、同居ノ戸主、家族又ハ雇人ニシテ其ノ事業ニ関シ前条ノ違反行為ヲ為シタルトキハ自己ノ指揮ニ出デザルノ故ヲ以テ処罰ヲ免ルルコトヲ得ズ

第十九条　地方長官ハ厚生大臣ノ認可ヲ受ケ第二条ノ規定ニ拘ハラズ業務ノ種類ヲ限リ別段ノ定ヲ為スコトヲ得

第二十条　本令ニ定ムルモノノ外必要ナル事項ハ地方長官之ヲ定ム

第二十一条　本令中地方長官トアルハ附則第二項ヲ除クノ外東京府ニ在リテハ東京府知事及警視総監トス

附　則

③ 法第二十二条ノ労務供給事業ヲ行フ者又ハ其ノ同居ノ戸主若ハ家族本令施行ノ際現ニ第六条ノ規定ニ依リ禁止セラレタル事項ヲ行フトキハ特ニ地方長官ノ許可ヲ受ケテ本令施行ノ日ヨリ一年ヲ限リ其ノ事項ヲ行フコトヲ得

この省令には別表様式がいくつもついています。そのうち、所属労務者名簿と労務者供給簿の備考欄には、職種の例として、大工、職夫、人夫、沖仲仕、看護婦、家政婦、菓子職といったものが列挙されています。そう、この労務供給事業には、それまで労務供給請負業という名で呼ばれていた人夫や職夫のピンハネ的供給業とともに、それまで派出婦会という名で呼ばれてきた看護婦、家政婦らの会員制の供給業も併せて規制対象に含めることとされたのです。

2　労務供給事業と派出婦会の実態

さて、ではこうして規制対象となった労務供給事業の内訳はどのようなものだったのでしょうか。中央社会事業協会編『日本社会事業年鑑』の昭和17年版によって、同規則施行後の1940年の労務供給事業の供給業者数と所属労務者数を見ると、表3のような状況でした。

この表を見る上で重要なことは、この対象時期においては許可制の対象は常時30人以上供給する事業に限られていたということです。つまり、零細の労務供給事業はここに計上されていません。しかし、それを踏まえた上でこの表を見ると、この時期の労務供給事業というのが、人夫、雑役、職夫といった男性中心の肉体労働的職種と、家政婦、附添婦、看護婦といった女性のみの職種に大きく二分されていたということが分かります。前者が矢次一夫や吉田英雄が怒りを込めて糾弾していたピンハネ型の人夫・職夫供給請負業であるのに対して、後者こそは本書の主たる対象である派出婦会そのものであります。

ところで、第1章で見たように、東京府では国レベルの労務供給事業規則に先立って、警視庁令により派出婦会取締規則を制定し、別段規模の限定なく許可制を導入していまし

職種	供給業者数	所属労務者数
人夫	842	39,717
家政婦	700	24,643
雑役	504	24,780
職夫	265	28,770
仲仕	189	5,858
附添婦	146	7,443
看護婦	64	2,360
土工	60	5,235
大工	29	616
自動車運転手	27	1,810
湯屋従業人	23	3,401
妓夫妓女	13	3,392
料理人	8	405
店員	8	68
メッセンヂャー	4	516
左官	3	34
其の他	141	2,758
計	3,026	151,806

表3　規制対象となった労務供給事業の内訳

年次	派出婦会				労務供給事業（派出婦会以外）	
	労務供給事業		その他			
	会数	労務者数	会数	労務者数	事業数	労務者数
1930			212	4,133		
1931			242	4,687		
1932			234	4,874		
1933			271	5,614		
1934			339	7,504		
1935			388	7,472		
1936			450	8,921		
1937			542	11,249		
1938			497	12,245		
1939	287	10,555	277	3,526	393	22,988
1940	353	11,986	364	3,850	442	25,247
1941	454	12,795	191	1,261	422	18,660
1942	508	16,223	—	—	626	17,229
1943	556	9,601	—	—	2,077	12,008

表4　警視庁統計書から見える派出婦会等

た。ですので、１９３８年改正職業紹介法施行当時は、常時30人以上供給する派出婦会は国の労務供給事業規則に基づく許可、それ未満のものは引続き東京府の派出婦会取締規則に基づく許可であったわけです。その後国レベルの規制対象が拡大してくると、後者から前者に移行していき、最終的には前者のみになりました。この動きを、警視庁統計書から見ていくと表4のようになります。

職業紹介法が改正された１９３８年には、派出婦会の数は４９７か所、労務者（派出婦）の数は１万２２４５人でしたが、翌１９３９年には派出婦30人以上の派出婦会が労務供給事業の許可に移行して２８７か所、１万５５５５人で、警視庁令の許可に残ったのは30人未満の小規模派出婦会で２７７か所、３５２６人となりました。

その後１９４０年の省令改正により、１９４１年には派出婦10人以上の派出婦会も労務供給事業の許可に移行して４５４か所、１万２７９５人、警視庁令の許可に残ったのは10人未満の零細派出婦会で１９１か所、１２６１人。さらに同年の省令改正で規模要件が廃止されたため、１９４２年にはすべての派出婦会５０８か所とそこに所属する１万６２２３人が労務供給事業規則の規制下に置かれました。翌１９４３年には派出婦会５５６か所に所属する派出婦数は９６０１人と激減しています。

ちなみに、派出婦会以外の労務供給事業をまとめて推移をみると、１９４０年以後規模要件の縮小・廃止に伴って労務供給事業者数は増えているものの、労務者数はむしろ減少の一途をたどっています。これは、戦時体制が進行する中で、男性労働者が徴兵されるとともに、次項で述べるように男性型の一定の職種では労務供給事業が禁止されるなどしたことが影響しているのかも知れません。

３　戦時統制と労務供給事業

上述のように、１９３０年代半ば以降は日中戦争が進行し、１９３８年の国家総動員法に基づき経済社会の各分野にさまざまな統制令が制定されていった時代です。雇用分野でも勤労動員政策の一環として多くの統制令が陸続と作られました。その中で、労務供給事業についてもいくつも規制が導入されました。

まず、１９４０年11月９日に制定された従業者移動防止令は、一定の従業者についてその雇入れを制限し、その勧誘も禁止したものですが、同勅令には労務供給契約に基づき指定従業者を使用することを禁止する規定も含まれていました。指定従業者には職工、鉱夫、電工、汽《き》罐《かん》士《し》、通信士、航空機整備員、運送従業員、郵便及電報集配員が含まれ、これは労務供給事業のネガティブリスト方式（やってはいけない業務だけを列記する方式）を導入したものということもできます。

次に１９４１年12月８日の労務調整令は、従業員の解雇や退職、雇入れや就職を厳しく制限したものですが、同勅令には供給従業者の使用制限の規定も盛り込まれていました。これも労務供給事業についてのネガティブリスト方式ということができますが、労務供給契約に基づいて使用することが原則として禁止される技能者には、厚生省告示により○○技術者、○○工、○○夫と実に１３４職種もの職業が挙げられており、主な職業はほぼ網羅されていて、逆にこれに該当しないものの方が少ないのではないかと思われるくらいです。いわば、臨時的な仕事以外のものには労務供給契約による使用は認めないという考え方が示されていると言えます。

なお、労務調整令の適用においては、女中のような家事使用人と労務供給事業による派出婦とが明確に異なる法的地位を有するものとして規定されています。戦後混乱を来す以前にはどのように区別されていたのかを理解する上で有用であるため、少し詳しく見ておきましょう。

まず、女中のような家事使用人は、厚生省告示第５７６号により、労務調整令による厳しい雇入れ制限の対象から部分的に除外されていました。

労務調整令

第八条　前条ノ規定ハ左ノ各号ノ一ニ該当スル場合ニハ之ヲ適用セズ

五　其ノ他命令ヲ以テ定ムル場合

労務調整令施行規則

第十条　令第八条第五号ノ場合トハ左ノ各号ノ一ニ該当スル場合トス

六　別ニ指定スル一般青壮年ノ雇入及就職ノ場合

労務調整令施行規則第十条第一項第六号ノ一般青壮年ノ雇入及就職ノ場合ノ指定

（昭和十六年十二月二十六日厚生省告示第五百七十六号）

八　一般青壮年タル女子ノ家事使用人ヲ一世帯ニ付一人ヲ限リ使用スル為ノ雇入及就職ノ場合

この点について、当時の解説書（厚生研究会編『労務調整令解義』新紀元社）はこう述べています。

6　女中さんの雇入れ

次に家事使用人は一世帯一人を限り使用する場合の一般青壮年たる女子の雇入れは

> 認められてゐて、自由であるが、二人以上の雇入れは認可を受けなければならぬ。だから一世帯で一人の女中さんを雇ふことは認められてゐるわけである。けれども、この場合に早合点は禁物といはなければならぬ。といふのは、一般青壮年たる女子一人といふのであるから年齢十四年以上二十五年未満の女子を一人雇つてよろしい、といふことなのだが、而も国民学校修了者（国民学校を出てから二年間まで含む）はすべて職業指導所で斡旋して重点的に配置することになつてゐるから、たとへ一人だからといつてこれを勝手に雇ふわけには行かないのである。要するに国民学校修了者に入る以外の年齢十四年以上二十五年未満の者についてなら女中さん一人は勝手に雇入れることが出来るといふわけなのである。このことは各家庭において十分注意しなければならぬ。

これに対して、そのすぐ次のページで、上記労務供給事業に係る労務調整令第9条の規定に関わってこう述べています。派出婦が女中とは別の法的地位を有するものであることが大前提になっていることが分かります。

> ……この「労務供給」といふことがピンと来ない人が多いかも知れぬ。それは具体的

な例をあげていふと、例の派出婦会などがこれに入るわけだ。凡そ人を使用する場合は大抵その人を雇入れて使用するわけだが、派出婦人会から派出婦を派遣して貰ふのは、何も雇入れたのではなく、ただ派出婦会から供給された派出婦を使用してゐるに過ぎない。仲仕とか土工、雑役人夫等の使用については、この労務供給が多い。さうして普通は二日とか三日とかの使用が一番多いわけであるが、これを毎日使用すれば殆ど雇傭関係と同様な結果になるわけであり、これを放任しておいては労務統制上万全を期し得ないから、今回命令を以て労務供給を受け、これを使用せんとする者（いはゆる使用主）に対して次の制限をすることになつた。……

このような紆余曲折を経ながらも、労務供給事業規則は戦中戦後を貫いて効力を有する法令として存在し続け、同規則に基づいて許可を得て営業している派出婦会も合法的な事業として存在し続けていたのです。

後述の職業安定法制定直前の１９４７年5月時点でも、許可を受けた労務供給事業者数はなお３１３７か所、所属労務者数は10万４４８５人に上っていました（松本洋「職業統計」『新制中学校と職業指導　再版』日本職業指導協会、１９４８年）。

第5章　労働者供給事業の全面禁止と有料職業紹介事業としてのサバイバル

1　職業安定法の制定と労働者供給事業の全面禁止

終戦後占領軍の支配下で新たな労働法が続々と作られましたが、その中で（労働組合法や労働基準法に比べても）職業安定法は日本側のイニシアティブがほとんど見られず、ほぼＧＨＱの意向に基づいて戦後労働市場法制の基本枠組みが作られてしまった分野だということができます。そのことは、職業安定法制定時の担当課長であった亀井光が、後の回想座談会（『労働時報』１９５７年12月号）で「英文の一条から説き起した全条文のお墨付をわれわれがいただいたのです」と述べていることからも分かります。

その中でも特に労働者供給事業（それまでの労務供給事業のこと）のほぼ全面的な禁止は、占領下の日本で労働市場政策に絶対的な権限を有していたＧＨＱの一担当官スターリング・コレットの個人的見解によって作り出され、その運用までもが左右された歴史上希有な実例です。

当時職業安定局雇用安定課で監督担当事務官をしていた中島寧綱《やすつな》は、後に上梓した『職業安定行政史』（雇用問題研究会、１９８８年）の中で、「ＧＨＱの労働者供給事業絶滅への取組みは、すさまじいものがあった。疑義解釈や産業別認定基準などの通達は、すべて事前承認が必要とされた。ＧＨＱの担当官コレットや都道府県の地方軍政部の係官は、みずから現場の認定に立ち合うこともあった。労働力主体の作業を行う建設、港湾運送、陸上運送などの業界では、『コレット旋風』といって恐れたものである」と述べています。

このＧＨＱのいうがままに作られた職業安定法案は、１９４７年8月13日に国会に提出され、同年11月15日に成立し、11月30日に公布され、12月1日から施行されました。そのうち労働者供給事業に関する規定は次の通りです。

第三節　労働者供給事業

（労働者供給事業の禁止）

第四十四条　何人も、第四十五条に規定する場合を除くの外、労働者供給事業を行つてはならない。

（労働者供給事業の許可）

第四十五条　労働組合法による労働組合が、労働大臣の許可を受けた場合は、無料の労働者供給事業を行うことができる。

附　則

①　この法律は、昭和二十二年十二月一日から、これを施行する。

② この法律施行の際、現に行政庁の許可を受けて、職業紹介事業又は労働者供給事業を行う者は、この法律施行後三箇月を限り、引き続きその事業を行うことができる。

コレットの労働者供給事業撲滅への十字軍的な強い意志は、1948年2月11日の「労働者供給事業の禁止に関する声明書」（『職業問題研究』第2巻第5号〔1948年〕所収）に示されています。その一部を次に掲げておきますが、「非民主的」で「封建的」な「苦力《クーリー》制度」といった罵倒の言葉に彩られ、日本社会を民主化せんとする十字軍的使命感に満ち溢れたその声明文は、一つの思想に基づいて一つの政策が形作られ実行に移されていく姿が浮き彫りになっており、熟読玩味するに値します。

……職業安定法の此の部分の適切なる実施こそは数百年に亘り東西の諸国を悩ました。非民主的社会制度を日本から除去する上において一大進出を遂げる最上の機会を提供するものである。概論すれば労働者供給事業は苦力《クーリー》制度である。日本に於ては特に之は親方制度と謂われてゐる。所謂日本に於ては親分子分制度の一大部門なのである。

……今日尚日本では幾十万の労働者が此の悪制度の犠牲となつている。労働者供給業者即ち親分により心も時には、身も全く囚人同様の扱をうけている。衣食住の外に高給支給の体裁を装い又冠婚葬祭、災害病気、厚生施設の諸事項を弁ずる名目の下、親分は自己の支配下の労働者に対し、大恩人、大保護者のような態度をとつている、親分やその支援者の此等の恩恵は事実とは相違してゐる。多くの労働者供給業者又は親方というものは、建築業の如き場合には比較的高い賃金を支払つている。労働者が行う作業について極めて高い料金をとつたり、二重の料金をとつたり、法的値段若しくは手続を無視するから高賃金が支払えるのである。然し大抵の場合は標準賃金を支払ひ、頭を撥《ピンハ》ねる例が多い。親方が提供する住宅というのは、小屋であつて今日の住宅難の時代に於て之を見ても人間のすみえる家としては耐えない程度に不潔で不衛生のものである。親方とかその支援者は労働者に充分食物を与えると謂つて闇市場に食物を仕入れにはいることが往々ある。然し調査してみると大量の食糧品が不法に買われている。又労働者の受ける食物の量と買つて来たと称する食物の量とが一致したことは稀れであることも調査の結果判つた。厚生施設という名目で行つている毎月の掛金の方法や額は調査してみると事実は借金制度であつて高利をもつて後日返済させられているものであつた。

斯かる制度の当然の結果である悪弊なり、若しくは非人道は茲には別とし道義的に見ても不正な事は業者が之により私腹を肥やし政治的な権力を得ることである。然るに彼等はその資本を何処で得られたかというに、単に労働者を上手に支配し之を服従せしめた以外には何も出費しては居らない。労働者の支配が出来て居る間は親分には何分危険はない。親方支配下の労働者間に労働組合の出来た例は先づない。労働者を民主的労働組合に組織せんとする試みこそは脅迫若しくは身体的危害に遭遇することであり、此等の発起者に対する一般の返礼がこれであつた。労働者を絶えず自分の支配下におくことが人間を取引しこれにより利益を獲得する手段に必須なものである。……此等の労働者供給事業を認め又職業安定法は三月一日より効力を発する必要な準備調査《ママ》を行うため三ケ月間の猶予期間が国会により許可された。此の調整完了のため雇用主の妥協的迅速的活動及び此の調整を遅滞させ又はこれを避けんと企てる雇用主又は業者に対し政府がこれを督励することにより、日本は近き将来において国家の民主化に一段の進捗を行つたことを宣言し得ることになり、同時に世界的不名誉な苦力制度の廃止を他の亜細亜諸国家に先立つて日本が為し遂げる訳である。

ここでいわれていることは決して嘘ではありません。むしろ、戦前矢次一夫や吉田英雄が激しく糾弾していたように、人夫や職夫といった労働力を抱えた労務供給請負業者は、まさに親分子分的な支配関係の下で労働者からのピンハネをしていたのです。そういう悪辣な連中を撲滅すべきだというコレットの思いは理解できるものがあります。

しかしながら、前章までの歴史をたどってきた方はお分かりのように、職業安定法施行時点で労務供給事業としての許可を受けて営業していた事業者の相当部分は、矢次や吉田が描き出していた親分タイプではなく、むしろそのほぼ30年前に大和《おおわ》俊子が始めたニュービジネスである派出婦会の系譜をひくものであったのです。

その事実は、日本側の担当者は分かっていました。いや担当者だけではなく、局長もちゃんと理解していたのです。実際、職業安定法案を審議する第1回国会でも、1947年8月15日の労働委員会において、米窪満亮《よねくぼみつすけ》国務大臣の提案理由説明に続いて、上山顕《うえやまあきら》職業安定局長がこのような言い訳をしています。

……次に第四十四条以下に労働者供給事業について規定がございます。これはただいまの大臣の説明にもございましたように、いろいろ弊害を起しやすい仕事でございますので、原則的には全面的に禁止をいたしておるわけでございます。ただ関係者が自主的な組合をつくりましてやってまいりたいという場合には、労働組合の許可を受けさせまして、弊害がないと認めました場合には、無料の労働者供給事業を認めたいつもりでございます。ことはたとえば、家政婦なんかも労働者供給事業ということになつているわけでございますが、ただいまのように、営業的にやります家政婦会というようなものは認められないことになります。しかし現在家政婦であつた人たちが集まりまして、組合組織でやつてまいりたいというような場合には、労働者供給事業ということにはなりますが、特に労働大臣の許可を受けて認めていこう。こういう考えでございます。なおこの労働者供給事業が廃止されますと、ただいま関係者が相当おりまして、現にこういう仕事をやつておる際でございますので若干影響は考えられるのでございますが、私たち対策といたしましては、一つはただいま申しました労働組合法による組合をつくつてやる場合を認めております。

当時の労働省（1947年8月までは厚生省）職業安定局の幹部は、派出婦会はみんな労働組合にしてしまえば問題は解決すると思っていたようですが、現実にはそう簡単にいきませんでした。むしろ、法施行直後に発出された局長通達「労働者供給事業に関する件」（１９４８年2月5日職発第81号）は、「組合の代表者及びその他の役員の人物及び経歴が適当であるかどうか」、「組合が封建的支配力によつて左右される虞れがないかどうか」といった項目を挙げており、とりわけ「従前、労働者供給事業を営み又はその主要役職員であつたかどうか」を問題視するなど、法律上は許された労働組合の労働者供給事業についてもなお猜疑心が向けられていたことが窺われます。

当時発出された膨大な通達のうち、従来の労務供給事業として運営されていた派出婦会に関わるものがありますが（１９４８年4月12日職発第３４７号「労働者供給事業に関する疑義解釈送付の件」）、決して看板を掛け替えれば認めてやるというような姿勢ではありませんでした。

13問　派出婦が労働組合を結成して労働大臣の許可をうけて労働者供給事業を行う場合、従来の例えば派出婦会長等の家に下宿することはよいか。

答　従来の派出婦会長の家に下宿することは、その旧会長からボス的支配力を受けるおそれが多分にあるので余り好ましいことではない。但し他に適当な下宿先がないときは旧会長の家に下宿することも已むを得ないが、この場合には旧会長がその派出婦に対してボス的支配力を振わないよう厳重注意し随時公共職業安定所はその事業の監査を行わねばならない。

2　派出婦会が労働組合になるのは至難の業

そもそも、労働者供給事業の禁止を所管する職業安定局は、労働組合法自体を所管していたわけではありません。上山職業安定局長が国会で派出婦会が労働組合になれば労働者供給事業を認めるなどと答弁したからといって、労政局や労働委員会がそれに拘束されるいわれはありません。当時の労使関係行政にとって労働組合法とはようやく実現した神聖な立法であり、禁止された派出婦会の看板の掛け替えに安易に利用されることをおいそれと認めるような立場にはありませんでした。

労政局長名で発出された労働組合法解釈例規第５号（１９４８年６月３日労発第２６２号）には、次のような解釈が示されています。

問　労働者供給事業のみを目的とする労働組合は、法第二条の労働組合と認められるか。

答　本条にいう「自主的ニ労働条件ノ維持改善其ノ他経済的地位ノ向上ヲ図ルコトヲ目的」とするとは認められないから、本法の労働組合としての保護を受けることはできない。

この当時の地方労働委員会が個々の派出婦労働組合の資格審査をした結果を、『兵庫県地方労働委員会五年誌』（１９５２年）から拾ってみましょう。他の地方労働委員会でも似たようなケースが並んでいます。看板の掛け替えでは認めないという厳格なスタンスで審査をしていたことが窺われます。

尼崎看護婦職員労働組合　（１）民主的に運営されているものと認められない。（２）組合活動は殆んど見るべきものがないので、その沿革からみて、労働者供給事業を行うことを主たる事業とする虞れがあると認める。（３）旧看護婦会長の養女が現在の組合長であり且つ会長自身が組合の事務員としてその実権を握り、旧会長との関連が依然として切れていないので、封建的支配関係があるものと認める。

尼崎協立派出看護婦労働組合　（1）民主的に運営されているものと認められない。（2）現状では労働者供給事業を行うことを主たる事業としているものと認める。（3）正副現組合長が共に旧看護婦会長であり、組合長の夫が事務員として一切の運営に当り、旧会長との関連が多く且つ封建的支配関係があり、組合に自主性がないものと認める。

白百合派出看護婦付添婦職員組合　（1）民主的に運営されているものと認められない。（2）現在では組合活動を行っていないので、労働者供給事業を行うことを主たる事業としているものと認められる。（3）最近では組合長が組合事務所にて執務することも少なく、旧会長が事実上の運営に当っているので封建的支配関係もあり、組合の自主性が疑われる。

山陽派出看護婦付添婦職員組合　（1）民主的に運営されているものと認められない。（2）現在では組合活動を行っていないので、労働者供給事業を行うことを主たる事業としているものと認められる。尚経理について見るも組合活動をしている形跡はない。（3）旧会長が事務員として事実上の運営に当っているので封建的支配関係があり、組合の自主性に乏しい。

これらの指摘はその通りかも知れませんが、そもそも純然たる派出婦会としてやってきた団体に、全面禁止だ、生き残るにはこれしかないと労働組合の看板を押しつけた挙げ句、労働者供給事業が主たる事業で組合活動の形跡がないからけしからんと言われても、元々そういう事業なのですからどうしようもありません。上山局長の答弁のようにはうまくいかなかったわけです。

こうした派出婦労働組合の資格審査のうち、問題が地方労働委員会で収まらずに中央労働委員会にまで持ち込まれた事案があります。この件については、『中央労働時報』１９４８年11月号（第80号）に詳しく経緯が書かれています。いばらき看護婦組合など茨城県の21の旧派出婦会系の労働組合が茨城県知事に資格審査を求めたところ、すべて資格を否認されたので、このうち６組合がこの決定を不服として労働大臣に異議の中立をしたのです。労働大臣は本件を中央労働委員会の審議に附したので、中労委は１９４８年８月18日の第53回総会に附議し、小委員会を設けて実地調査をし、同年９月15日の第55回総会に報告され、結論として異議中立を取り下げさせるということになりました。

この小委員会報告と総会の議事録を読むと、労政サイドと職安サイドの感覚の大きなずれがよく分かります。まず小委員会報告です。

茨城県下の看護婦会が発展して組合を作ろうということになつたのですが、……結局三つの理由によつてこれは組合でないということを決定したのであります。

第一は二十一の組合は孰《いず》れも派出看護婦を主体として結成されたものではあるが、その設立は労働基準法や職業安定法の施行によつて今までの斡旋が出来なくなる。従つて中間搾取が出来なくなるのでこれに代る方法を求めたいという意図から看板を塗り変えて職業安定法にある四十五条の規定によつて職業の斡旋を意図している。

第二に各組合共組合長は殆ど旧看護婦会の会長がなつている。

第三に組合費が非常に高く、大体基準日当の二割である。

というような理由によつてこれは組合員が盛り上つて作つたものでない。従つて労働組合法によるところの組合ではないということを決定したのであります。……

その二十一組合中六組合がそういう地労委の裁定に不服であり、あく迄も組合法による組合であるという異議の申請をしたものであります。

……それで小林氏（いばらき看護婦組合長——引用者注）に先ず組合設立の意図を尋

ねた処、結局労働組合であつてもなくてもよく今までの形態が残されて我々看護婦あるいは看護人の腕前を社会のために貢献して行けるものであればいいといつておりましたので、この点でも労働組合が何であるかが、まだ十分にわかつていないように受取つたのであります。

組合員たる看護婦達は組合の何たるかを知らず、組合設立の時期も知らないで今度自分達の組合が組合法によるところの組合であるという信念のもとに労働大臣宛異議の申立をしたものであるなどとは充分知らない。また組合の役員決定もいつきまつたか殆ど知らず非常に自主性に欠けているのであります。

今いつたような理由で労働組合法によるところの組合だとは当然言われないので中央労働委員会としても当然これは組合でないという判定は直ぐつくのであろうと思いますが、しかしああした労働組合の何たるか、また自分達の階級はどういうところにあるかというようなことすら自覚してない組合の人たちに、お前達の組合は組合でないとか、あるいは組合を作るのは非常にむずかしいものであるというような先入観念を持たすと、今後これらの非常に弱いところの労働者達が組織を作る面で大きな影響があるのではないか、また全国的にもこういう影響を及ぼすのではなかろうかというところから、ほんとうに自主的な組合が出来るよう教育指導して行くのがよいという結論を考えたのであります。

この労働組合の資格審査についてはその後組合の事情を調査したところ、なお教育啓蒙の余地あることを認めたので労働委員会並びに関係各官庁によつて労働組合としての資格を具備するよう指導する。それまでこちらに申請してきておるところの組合資格の審査決定は待つてもらいたいという書類を地労委の会長から中労委の会長に出して正式の手続をしてやつてもらうことをまとめたわけであります。

このいささか融和的な案に対して、１９４５年労働組合法の生みの親である末弘厳太《いずた》郎《ろう》中労委会長は、極めて厳格な発言を繰り返します。曰く、「看護婦には実際気の毒だが、ほんとうに組合を作らせるにはもう少しなんとか手だてを考えなければ結局親方たちに食われるような組合にしかならないので思い切つてこんなものは組合でないと云つて叱りつけてしまう方がいいというような状態のものでないか」とか、「結局今の看護婦会長の家に泊つて引続き二割も金をとつてああいう状態が続くならこれをむしろ中間搾取だというのでボスたちを罰してもらうような方向に進んだ方がいいじゃないでしょうか」とか、

「そうすれば異議中立を撤回させねばうそだと思う。ボスどもに異議の中立によつて依然として自分らに何か労働組合に手掛りがあるような意識を与えてはいけない。そんなものは労働組合でない」等々。

興味深いのは、小委員会の労働側委員である安江義蔵（全日本造船労組委員長）が「そこでやはり今組合でないといつてやりつ放してしまつたら当然組合が出来なくなつてしまう」とか、「それはよくわかりますが、しかし労働委員会の使命として労働者が組織をもちたいと思つてもかういう理由から持てない場合にはやはり労働組合法その他の労働者にとつて必要な法律によつて守られるような組織をも亡してしまうということを労働委員会としても考えなければならぬ」と、なんとか認めてあげる方向に持っていこうとしているのに対し、末弘会長が頑として認めないことです。

末弘中労委会長は、終戦直後の労務法制審議委員会において、わずか1か月足らずの間に労働組合法案を策定する際のほぼ実質的起草者であり、せっかく自分が中心になって素晴らしい労働組合法を制定したのに、戦前来の人夫供給業者のような労働ボスの世を忍ぶ仮の姿を提供するようなことは断じて許せない、と心から思っていたのでしょう。かくして、小委員会の融和的な案は否定され、中労委としては異議申立を取り下げさせるという結論に落ち着きました。
　こうして労働組合という仮面を被って組織を温存するというやり方はほぼ不可能となってしまいました。その結果、従来通りの派出婦会の事業運営をしているだけで犯罪となり、刑罰を受けることとなりました。実際の裁判例を見ておきましょう。最高裁判所事務総局刑事局編『刑事裁判資料第26号（労働関係第2輯）』（1949年）所収の事案です。

静岡地方裁判所昭和24年4月7日判決　罰金5千円
　被告人は浜松市池町二番地に於て其実母てつと共に日の出家政婦会を経営し労働者供給事業を行つて居たが職業安定法に依り昭和二十三年三月一日以降従来の営業が禁止せられたる後、日の出家政婦倶楽部と改称したのみで何等正当の事由がないのに事実上従前と同様の労働者供給事業を営み昭和二十三年四月暮頃より同年八月末頃迄夫々《それぞれ》数回に亘り別表記載の如く前記自宅に於て浜松市助信町浜松赤十字病院入院患者田畑哲子及同病院浜名郡長上村磯部医院又は浜名郡赤佐村国立療養所天龍荘入院患者鈴木つたゑ等十余名より家政婦附添の為派遣方の依頼を受け之を承諾して右家政婦倶楽部所属の石野りの外八名を右患者田畑哲子等十余名に夫々附添婦として派遣し右家政婦等より入会金又は派出料金の三割金位計八千九百四十円位を継続して徴収し以て業として他人の就業に介入して利益を得たものである。（別表省略）

判決は罰金５千円で済んでいますが、求刑は懲役３か月でした。事業が非合法化されるということは、こういうことを意味するのです。

３　派出婦会を禁止してさあどうする？

派出婦会を禁止しても、派出婦への労働需要と労働供給は現実に存在します。これにどう対処すべきかについて政府の姿勢を示したのが、１９４８年６月14日に発出された局長通達「労働者供給事業の禁止に伴う看護婦、派出婦等の職業紹介に関する件」（職発第６６５号）です。この通達は、日本語としていささか意味不明な表現も頻出させつつ、とりあえずは公共職業安定所で面倒を見るという無謀な方針を示していました。

労務《ママ》者供給事業の禁止に伴い、従来からの看護婦会、派出婦会等を行《ママ》っていた労働者派出行為はすべて廃止されたわけであるが、看護婦、派出婦等の派出事業については職業安定法において認められた方法手段によつて、合法的に運営をせられるよう夫々《それぞれ》研究実施しておられるところと存ずるが、公共職業安定所において行う、看護婦、派出婦等の職業紹介については別記事項御参考の上各地方の実情に応ずる運営を行い、これら臨時派遣所労働者に対する職業安定機関の紹介あつ旋を積極化するように致したい。

別記（一）

看護婦会、派出婦会、家政婦会等の行う、看護婦、派出婦、家政婦等の派遣行為禁止に伴う措置要領

一、主眼

（一）労働者供給事業の禁止に伴い、従来の看護婦会、派出婦会、家政婦会等（以下派出婦会という）所属の看護婦、派出婦、家政婦等（以下派出婦という）を公共職業安定所に登録して紹介あつ旋する。

（二）派出婦の多くは戦災者、引揚者等であつて、派出婦会の解散に伴い、宿舎を失う事となるので宿舎のない者を、必要とする。

（三）派出婦の需要は極めて多く且つ緊急を要するので、努めて多くの派出婦の確

保を必要とする。

（四）労働者供給事業を行う派出婦会の残存し発生を防止するために、公共職業安定所は次の手段を講ずる。

1　この業務奉仕の強化徹底

2　この業務取扱の一般への周知徹底

3　旧業者に対する厳重な監視

二、諸般の整備

（一）公共職業安定所に派出婦係の設置

（二）簿冊並に諸票の整備

1求人票、2求職登録票、3登録名簿、4紹介状、5労働者供給事業に関する書類の整備編綴、6登録派出婦の氏名札の作製

（名札の表面は墨書（待機者であることを示す）裏面は朱書（派遣並に不在中であることを示す）し各寮居宅並びに不在の別に分類掲示して整理する）

三、周知宣伝

（一）旧業者関係に対する周知事項

労働者供給業者並びに所属派出婦との協議会を開催し、次の事項について打合せをなす。

1　労働者供給事業禁止の趣旨及び禁止に関しての処罰事項の徹底
2　所属派出婦の現況
3　従来の派出状況
4　公共職業安定所における派出業務運営方法
5　その他派出業務に関する参考事項

(二)　一般に対する周知事項

一般公衆に対し趣旨の徹底を図るために次の事項を行う。

1ラヂオ放送、2新聞による報道、3ポスターによる宣伝、4病院、医院に文書による宣伝、5需要家に対するビラ宣伝

配布先—医院、病院、理髪店、浴場、官公衙、衛生組合、美容院等

四、紹介あつ旋

「看護婦、派出婦、家政婦等職業紹介要領」(別紙)を定めて、このあつ旋を行う。

五、寮の運営

（一）　看護婦及び派出婦の宿舎設置

適切な宿泊施設が無い場合には従来の派出婦会の宿舎を当分の間公共職業安定所の委託寮として運営する。

（二）　寮の運営は看護婦の自治とし、互選による代表者を置いて民主的に運営する。

（三）（１）寮費（舎費、食費）は寮所有者、看護婦両者協議の上協定する。

（２）公共職業安定所と連絡のために使用する電話料は寮員の負担とする。

（３）寮費、電話料の外には寮所有者が寮員からいかなる名義でも財物利益を受けることは許されない。

（４）寮費、電話料の支払は月末計算とする。

別記（二）

看護婦、派出婦、家政婦等の職業紹介要領

一、方針

職業安定法施行に基き従来行われていた看護婦会、派出婦会、家政婦会等による看護婦、附添婦、家政婦等（以下派出婦と云う）の派出事業（労働者供給事業）の禁止に伴い、公共職業安定所においてこれら派出婦の職業紹介業務を取扱うことゝし派出婦の需要供給の円滑な運営を図る。

二、求人の受理

(一) 求人の受理は派出婦係においてこれを行う

(二) 求人申込は求人票による

(三) 求人申込は夜間、休日にかかわらずこれを受理する

(四) 求人票には特に左の欄を新設して特に記載することを要する

1 派出先の所在地及び派遣のための道順

2 患者の性別、年令、病名

3 派遣の時期(緊急度)

(緩) 二、三日以内に派遣を要するもの

(普) 一日以内に派遣を要するもの

(急) 即刻　〃

(五) 夜間及び休日に受理した求人については、日直員はその翌朝係主任に連絡する。

三、求職の受理

（一）求職の受理は派出係においてこれを行う。
（二）求職申込は派出婦求職登録票による。
（三）求職登録票は一般の職業紹介に使用されている求職票に特に左の欄を新設して使用する。
１　本人の性格、性行其の他紹介上参考となる必要事項
２　看護婦に関しては免許状の種類
３　求人者の申込に迅速に応じ得るための求職者の居宅附近の目標及呼出電話番号
（四）求職登録票は職業別に分け派出待機の順に整理する。
四、紹介あつ旋
（一）あつ旋は原則として輪番制とする。
但し特殊の病人の場合又は求人者よりの指名がある場合は特定の者を派遣することがある。
（二）あつ旋を行う場合は、求職者を来所せしめて紹介状を交付し携行させる。但し、急を要する場合は特別に指示して求人先へ直行させ紹介状は求人者に後送する。

（三）　夜間及び休日に紹介あつ旋を了した場合には、公共職業安定所の当直、日直員は、翌朝係主任に連絡する。

（四）　派出婦期間が終了したときは派出婦をして紹介状の片面である連絡表に、派遣先から所要の事項の記載を受け公共職業安定所に持参報告させる。

五、業務運営協議会

派出婦派遣運営の円滑を期するために主要求人者、派出婦、公共職業安定所長の三者をもつて組織する業務運営協議会を毎月一回以上開催する。

六、その他

（一）　不良求人者についてはその実情を調査記録し将来のあつ旋の参考に資する。

（二）　派出婦の去就を明確に把握するために登録者の名札を作製して寮、居宅、並びに不在の別に分類掲示し、毎朝その動静を調査確認の上、派出中及び不在の者は朱書、待機中の者は墨書として整理する。

日本語として文法的におかしなところがいっぱいあるのは別として、そもそもそれまでの派出婦会（労務供給事業）というビジネスモデルを根本的に否定して、求人者と求職者をその都度斡旋する職業紹介という枠組みに置き換えるという建前で作られているはずなのに、派出婦の宿舎を職安の委託寮として運営するだの、寮費や電話代を徴収するだのという話になり、そのうちに派出事業を禁止するといいながら職安に派出婦係を置くとか、紹介だの斡旋だのと言いながら実は輪番制だとか、「特定の者を派遣する」だとか、果ては派出婦の派遣を禁止したはずなのに「派出婦派遣運営の円滑を期す」だのと、およそ論理的思考のかけらも無いような意味不明の局長通達に仕上がっています。

もちろん、それは担当官の頭のできが悪いからでは全くなく、派出婦会という労働者供給事業の枠組みでしか円滑に作動させることができない代物を、そのビジネスモデルをイデオロギー的に全面否定する枠組みの中でなんとかもっともらしくでっち上げなければならないという究極の無理ゲーを強いられたことの論理的帰結なのです。あちこちに残る文法的ミスはその副産物と評せましょう。

武士の商法ならぬ職安の派出婦会はうまくいきませんでした。それを指摘しているのは同じ政府部内の行政管理庁です。行政管理庁の『業務報告　昭和25年度版』の行政監察実施状況の「別添第29　労働者供給事業禁止規定の運用に関する監察報告」は、社会のあちこちで発生していた問題を縷々指摘していますが、その中に、次のような一節も盛り込まれていたのです。

一　問題の所在

終戦後日本民主化の線に沿い幾多の立法がなされたのであるが、職業安定法（以下法と略称す）第四十四条を中心としたいわゆる労働者供給事業禁止規定もその一つである。

本規定はともすれば、強制労働や中間搾取を伴い易い労働者供給事業を禁止し、労働者の就職は自由な選択と均等な機会の下になさるべきであるとの理念に基いて制定されたものであるが、斯かる自由なる就職を保障すべき社会的基盤が整つていないため、各方面に摩擦を惹起している。……

（3）対人的信用に関する問題

従来労働者供給事業を行つていた業務の中には、対人的信用を基盤としていたものがある。例えば、看護婦会、派出婦会の如きがこれで、看護婦又は派出婦を雇入れるものは看護婦、派出婦個人に対する信用か又はその属する看護婦会、派出婦会に対する信用（間違のあつた場合の補償を含め）によつて雇入れていたものである。然るに、これらが本条違反として禁止され職業安定所がこれに代っているが、安定所は従来の看護婦会、派出婦会の如き信用、特に間違のあった際の補償については何等の期待もつなぎ得ないのが実情である。

以上のように本規定の適用は問題を蔵しているのであるが、要は従来斯かる業務を営んでいたものに代る機能が育成されていないことが根本的な問題である。

法律はこれに答うるに、全部の使用労働者を直用とするか、安定所若しくは許可を得た労働組合に、斯かる業務を営ましめんとしているように解されるのであるが、全部を直用化することは不可能であり、労働組合は未だ斯かる業務を営んでいるのは極めて少数であって、勢い安定所が労働者供給に遺憾なき程度に機能を充実されなければならないこととなるが、現状は斯かる程度に達しているとは認められず、ここに本規定実施に関する問題が存在するのである。

こうした認識を踏まえて、同報告の「第17　労働者供給事業禁止規定（職業安定法第44条）に関する問題」は次のように勧告しています。

五、結論
（一）労働者供給事業の禁止は、現在法の実施を確保すべき社会的基盤が整っていないのに、法律のみ先行している実情であるが、本規定の円滑なる運営を期するためには、これが実施に関連して、従来の労働者供給事業に代るべき機能が、急速に育成されることが根本的に必要である。

4　有料職業紹介事業として生き延びる道

このように、当初想定されていたような、労務供給事業者であった派出婦会がそのままの形で労働組合になることも困難だし、公共職業安定所が派出婦会よろしく「紹介」と称して派遣事業を行うのも問題が多いということが明らかになってきて、あれこれ対応策を検討した結果、有料営利の事業であるという点で最も近い性格の有料職業紹介事業として認めていくという判断が下されることになりました。

この第一弾は、法施行からわずか2か月あまり後の１９４８年2月7日に、職業安定法施行規則第24条第1項の有料職業紹介事業が認められる各号列記の第5号の末尾に、「、看護婦、助産婦」を付け加えるという一見微温的な改正によるものでした。第5号は医師、歯科医師、獣医師、薬剤師といった医療専門職種が並んでいるので、そこに看護婦、助産婦が追加されるのは一見きわめて自然です。

しかしながら、ここで想定されているのは病院や診療所に勤務するような医療職としての有資格の看護婦ではなく、戦前来派出婦や附添婦という名前で就労してきた病人介護の労務職の人々です。同年9月10日の労働省職業安定局の通達（職発第１０９４号）で「公共職業安定所には看護婦の収容施設もなく」云々と述べているのは、労務供給業者が設置する労務者の宿泊施設のことを念頭に置いています。もちろん、家政婦の全てを包含するわけではありませんが、特に必要性が高いとされた部分を、医療職めいた名前ですくい上げたものと考えた方がいいでしょう。この通達は、その経緯についてなかなか意味深長なことを述べています。

……最近の事業許可申請の状況を見るに、従来の「看護婦会」制度による看護婦の派出行為が職業安定法により禁止され、その対策として会員制等により形式のみを改変して、実質は有料営利と変りのない無料職業紹介事業の許可を申請したり、或いは「看護婦会」の理事者が首唱して所属看護婦に労働組合を結成させ、労働組合の行う無料の労働者供給事業に変ぼうして、その理事者達は組合専従者の如き形式により組合運営の主導権を把握し、実質的には従来の「看護婦会」制度存続を図ろうとする許可申請の傾向が強いが、このように形式的に無料に擬装して行う行為はこれを避け、堂々と有料営利職業紹介事業としての監督を受けて経営することが強く要望せられるのである。

　労働省としては以上の趣旨に鑑み、且つ去る八月二十日開催せられた第一回中央職業安定委員会において討議された次第もあり、公共職業安定所において看護婦の職業紹介事業を円滑に且つ完全に実施し得ない場合であつて、有料営利職業紹介の許可申請があるときは積極的にその許可を行い、事業の適正な運営を図つて利用者に不便を与えないことが現在の状況としては最も妥当であるので、今後はこの方針に基いて許可手続を進めて行く意向であるから了承せられたい。

　なお現在看護婦会等が看護婦の就労あつ旋を行つているものについては看護婦に対してボス的な支配力を振わず、公共に奉仕的にそのあつ旋を行つている場合に限つて追つて指示するまでは現在のまゝの状態を継続せしめ《ママ》よう特に御配慮を煩わしたい。

右指示は実費の手数料を徴収して行う営利を目的としない有料職業紹介事業について

の許可料、保証金及び手数料の金額の軽減又は免除の決定次第行われる予定であるから念のため申し添える。

しかしながらそれは、求人者と求職者という当事者間の斡旋を第三者として行う職業紹介事業と、自らに所属する労働者を注文に応じて派遣する労働者供給事業というビジネスモデルの違いを無視することでもありました。

この後、有料職業紹介事業の対象職種に追加されていく職種は、マネキン、美術モデルなど、ほぼ全てこういったかつての労務供給事業が形を変えたものでした。その結果、労働者供給事業としての事業実態と有料職業紹介事業という事業形式との矛盾があちこちに露呈することにならざるを得ませんでした。そして１９５１年10月17日になってついに「家政婦」が有料職業紹介事業の対象職種として追加されたのです。

この「家政婦」は、労務供給事業規則に出てくる家政婦です。看護婦の追加から3年半経ってようやく片割れの家政婦も追加されるに至ったことになります。なお、これが追加された時に職業安定局の広報誌にこの間の事情をかなり詳しく述べた記事が載っています（『職業安定広報』１９５１年12月号）。

看護婦の時には実際には資格のない附添婦のことを医療専門職たる看護婦であるかのような印象操作で何とかごまかしたわけですが、今回は看護婦を有資格者に限定して医療職としての整合性を図るとともに、家政婦については明確に「家事雑役、患者の雑事世話の仕事に臨時的に雇用される婦人労働者」であると認めています。

看護婦並びに家政婦の職業紹介は職業紹介法に基く「労務供給事業規則」で規制されていた。昭和二十三年三月、職業安定法の施行に伴い、労働者供給事業として労働組合が労働大臣の許可を得て行う場合の外一切禁止されることとなり、看護婦については職業安定法第三十二条にいう「技術を必要とする職業」として同法施行規則第二十四条に掲げる職業中に含まれたので、新に職業安定法に基く有料職業紹介事業として許された。家政婦だけは今日までとりのこされ、名古屋、甲府等における労働組合の行う労働者供給事業があつた外、すべて公共職業安定所の紹介に依存して来た。……然しながらこの公共職業安定所の実績を見るに、中都市以下の公共職業安定所等で独特の工夫により極めて良好な成績を収めているところも少なくない反面、公共職業安定所の機能が未だ充分でない日本の現状では、その機能が管轄区域内に浸透することが困難な大都市地域及び公共職業安定所の所在地から遠い都市地域において必しも満足な成績が得られたとは言い得ず、無理な形式紹介方式でその矛盾を糊塗しており、これがやがて世評の的となる虞を生ずるに至つたのである。……

看護婦については前述した通り私営紹介事業を認めているところであるが、家政婦についても、この職業の特性として雇用主と起居を共にするので、家政婦個々人の信用が最大要件で、経歴、性格、技倆、習癖、智能、言語等について必要条件を充すものでなければならず、大都市等で多数の求職者を一安定所管内に抱え、あるいは公共職業安定所から遠い地域では、公共職業安定所のみの力で及ばないこともあるから、職業安定法施行規則第二十四条第一項第八号の労働大臣が定める職業とし、弊害のないものに私営紹介事業を許可する事とした。……

しかして、ここにいう家政婦とは、従来家政婦、派出婦、派遣婦、附添婦等と呼ばれていた家事雑役、患者の雑事世話の仕事に臨時的に雇用される婦人労働者をいうのであつて、会社、工場、商店、官署等の雑役、小使婦及び女中は含まないものである。……看護婦と称して免許の無いものを紹介し、あるいは家政婦の職業について許可された者が女中を紹介する等不正な紹介……と認める者は直ちに許可を取消し、悪質の違法に対しては告発する。

1948年の通達で打ち出された公共職業安定所で派出婦の面倒を見るという政策は、行政自らが「無理な形式紹介方式でその矛盾を糊塗しており、これがやがて世評の的となる虞を生ずるに至つた」と自己批判するような事態を招いてしまっていたわけです。

とはいえ、法律の構造からすれば公共職業安定所であれ有料職業紹介事業であれ、求人者と求職者の間を第三者たる紹介所が斡旋するという仕組みなのであって、派出婦会のビジネスモデルとは整合しないものであることには何の変わりもありません。紹介と称して派出（派遣）行為を行うという矛盾が、公的な場から私的な場に移行しただけです。しかし、政府はそれ以上この問題に真剣に向き合おうとはしなかったのです。

なお、この文章の最後のところで「女中は含まない」と述べている点は注目する必要があります。家庭内で家事雑役を行う点では女中と家政婦は何ら変わるところはないはずですから、違うのは女中が家庭内にその一員に近い形で長期にわたって所属するのに対し、家政婦は「臨時的に雇用される」ことになります。しかし、長期か臨時かというのは相対的なものであり、許可の対象職種か否かの線引きには適切でありません。

本来は家政婦は家政婦会等の労務供給事業者から派出されてくる他人であるという点に女中との本質的な違いがあったはずなのですが、有料職業紹介事業という不似合いな法的形式を無理に押しつけたために、女中も家政婦も家庭の直接雇用としてその点には違いがないことになってしまったわけです。いやむしろ、戦前の営利職業紹介事業においてはその就職者総数の半分近くを占めていた女中が、戦後は一貫して禁止の対象であり続け、戦前は職業紹介事業ではなかった家政婦だけが職業紹介事業として認められるという、何重にもねじれた状態が続いたのです。

いずれにしても、序章で既に見たように、職業安定法より一足先に施行されていた労働基準法は、女中を意味する「家事使用人」については法の適用除外としていましたが、女中とは明確に区別された存在であった派出婦会から派出されてくる派出婦については、むしろ労働基準法施行規則第1条第2号において、極めて明確に労働基準法の適用対象であることを宣言していました。

ところが、その3か月後に施行された職業安定法によって派出婦会という事業形態自体が違法の存在にされてしまい、そこから何とか脱却して合法的な事業として確立したいという希望の道筋が頼った有料職業紹介事業という異なるビジネスモデルの枠組みは、女中ではなかったはずの家政婦を、いつの間にか家事使用人というカテゴリーの中に放り込んでしまう結果となったのです。

第6章　労働基準法再考

1　労働基準法に至るまで

ここでもう一度、序章で概観しておいた労働基準法における家事使用人という概念に立ち戻ってみましょう。ただし、その前に、そもそも労働基準法という法律が日本近代史においてどういう位置づけにあるものなのかを確認しておきたいと思います。

労働時間規制や労働災害補償といった、今回の家政婦過労死事件で問題となったような労働者保護立法は、鉱夫や職工といった肉体労働者に対する保護規定として始まり、戦後になってそれ以外の全ての労働者にも拡大してきたという歴史があります。

１９１１年3月29日に公布され、５年後の１９１６年9月1日から施行された工場法は、その物的適用対象が常時15人以上の職工を使用する工場に限られただけでなく、人的適用対象もブルーカラー工業労働者である職工（本工と臨時工）に限定され、ホワイトカラー職員も人夫のような単純労働者も対象外でした。しかも、1日12時間という労働時間規制は女子と年少者（15歳未満の者）に限られ、成人男子の労働時間は青天井でした。ただし、労働災害補償（同法では災害扶助といいましたが）は男女年齢を問わずすべての職工に適用されていました。

これより早く、１８９０年9月26日に成立した鉱業条例は、鉱山の鉱夫について労働時間規制や労働災害補償（同条例では救恤《きゅうじゅつ》といっています）を定め、具体的には１９１６年８月３日の鉱夫労役扶助規則が設けられていました。

鉱夫、職工に続いて保護法制が作られたのは建設業等の屋外型労働者です。これはだいぶ後の１９３１年４月２日に公布された労働者災害扶助法と労働者災害扶助責任保険法で、保険の仕組みのややこしいところはすべて省略してざっくり言うと、扶助責任自体は土木建設、交通運輸、採石、貨物積卸といった業種の肉体労働者が対象ですが、保険制度は土木建設業のみに適用されるという仕組みでした。

このように、戦前の労働者保護法制は特定業種のブルーカラー労働者のみに適用されるものであり、ホワイトカラーも単純労働者も対象外であったのです。それが、１９４７年４月７日に公布され、同年９月１日に施行された労働基準法においては、労働者である限りすべての業種のすべての労働者に適用されることとなったという点が、歴史上もっとも重要な意義でありました。

序章でみた制定当時の労働基準法第８条が、製造業から始まって鉱業、建設業、運輸業等々と各号列記の形で適用事業を規定しているのは、そういう歴史を反映しているのです。第８号以下は商業、金融、興行、郵便、教育、医療、飲食、清掃、官公署と、片っ端から主な業種を並べ、さらに落ちのないように第17号で「その他命令で定める事業又は事務所」と規定しています。

この法第8条第17号を受けて設けられたのが、労働基準法と同時に施行された労働基準法施行規則第1条であり、そこに「派出婦会……その他派出の事業」が明記されていたということを、もう一度ここで思い出して下さい。そう、労働基準法が制定施行されるときには、大和《おおわ》俊子が１９１８年に四谷区で始めた派出婦会というビジネスモデルは、労働基準法の適用対象であることに誰も疑問を呈することのない立派な業種であったのです。それは、戦後労働基準法がすべての労働者を対象とする包括的な労働者保護立法として作られたことの論理的帰結でした。

2　家事使用人とは何だったのか？

とはいえ、その労働基準法にも、ごく小さな穴がはじめから空いていたことも事実です。序章でみたように、適用事業が各号列記されている労働基準法第8条の柱書の但書に、「但し、同居の親族のみを使用する事業若しくは事務所又は家事使用人については適用しない」という一文が入りこんでいたのです。すべての労働者を保護するはずの労働基準法に、なぜこのような適用除外規定が盛り込まれることになったのか、労働基準法の制定経緯を詳しく見ていくと、その理由がうっすら見えてきます。

労働基準法の制定プロセスは、渡辺章ほか編『日本立法資料全集（51〜56）労働基準法（1）（2）（3）上・下（4）上・下』（信山社、1996〜2011年）に明らかにされています。同書には、厚生省労政局労働保護課内で何回も作成された法案の文言がすべて翻刻されています。それを丹念に見ていくと、この柱書の適用除外規定の原型は、1946年4月12日付の第1次案に既に現れていることがわかります。しかしながら、その表現はだいぶ違っていました。

（以下の案文において、傍線部は削除、【　】は加筆訂正を意味します。）

○法ノ適用範囲

第一【三】条　本法ハ左ノ各号ノ一ニ該当スル事業ニシテ同一ノ家ニ属セザル者ヲ使用スルモノニ之ヲ適用ス【但シ同一ノ家ニ属スル者ノミヲ使用スル事業ニ付テハ此ノ限ニ在ラズ】

表から書くか裏から書くかの違いはあれ、要するに「同一の家に属する者」であるかどうかで線引きしようとしていたと理解できます。同一の家に属しない者であれば適用するけれども、同一の家に属する者であれば適用しない、という仕分けです。この用語法が変わるのは、同年10月30日付の第7次案からです。

適用事業の範囲
第七条　この法律は左の各号の一に該当する事業【及事務所（以下事業と称する）】に適用する但し~~同一~~【同居】の家に~~属する者~~【族】のみを使用する事業【及家事使用人】には適用しない

この流れから判断すると、それまでの「同一の家に属する者」が、血縁関係のある「同居の家族」と血縁関係のない「家事使用人」に分割されたと考えられます。それまで入っていなかった同一の家に属していないような他人が「家事使用人」としていきなり入り込んできたわけではないでしょう。

これは、主人の世帯の一員とされているか否かによる区分であると考えることができます。昭和15年の国勢調査時の「昭和十五年国勢調査ノ事務ニ従事スル者ニ示スベキ申告書記入心得」（１９４０年5月25日付官報）には、「普通世帯トハ住居及家計ヲ共ニスル者ノ集リヲ謂フ」とし、世帯主が記入すべき世帯員として、妻から従兄弟姉妹に至る親族に加えて、同居人、下宿人、女中、小間使、子守、乳母といったものが列挙されていました。家政婦はいうまでもなく家計を別にしますし、一時的に泊まり込むことはあっても、長期間住み込むわけではありませんから、国勢調査でいう世帯員には該当しません。

ちなみに、この考え方は現在の国勢調査でも受け継がれています。令和2年（２０２０年）国勢調査においても、調査票の「４　世帯主との続き柄」の欄には、「他の親族」の次に「住み込みの雇人」という選択肢があります。主人宅に女中部屋があり、そこが住所である女中は、政府全体の認識では戦前から今日に至るまで一貫して主人の世帯の一員であり、「同一の家に属する者」であり、「他の親族」と同一カテゴリーに属するのです。

これに対して、主人宅に住み込んではおらず、原則として「通い」で、場合によっては家政婦過労死事件のAさんのごとく「泊まり込み」をする家政婦は、やはり日本政府全体の認識では一貫して主人の世帯の一員ではなく、「同一の家に属する者」ではなく、国勢調査においても独立の世帯をなすものとして扱われてきたのです。

3　労働基準法制定過程における議論の諸相

このように理解された「家事使用人」を労働基準法の適用から除外することについては、当然ながらさまざまに疑問が呈され、議論がされていました。終戦直後の日本で、労働組合法、労働関係調整法、労働基準法といった基本的労働法制を審議した公労使三者構成の労務法制審議会の議事録には、その片鱗がいくつか垣間見えます。

特に注目されるのは、１９４６年９月14日の公聴会９日目で、婦人運動家の市川房枝が、「女中は是非入れよ　今後増える」と発言しています。市川房枝はあまりにも有名なので、ここで説明する必要はないでしょう。同じ婦人同盟から出席していた河崎なつは、「派出婦会、看護婦会の見習等は徒弟に入るか」と問うています。

これは、労働基準法の徒弟規定が適用されるか否かを聞いているのですから、その前提として派出婦会、看護婦会から派出されてくる派出婦や看護婦が労働基準法の適用対象であることは明らかだと考えていたことを示しています。その上で、同じ河崎が「第一回国勢調査　家事使用人七〇万人　総則に入れよ」と発言しているのです。ちなみに、この日公聴会にやってきた婦人同盟の面々の中には羽仁説子《せつこ》という名前もありました。派出婦会創設に関わった羽仁もと子の娘で、めぐる因果を感じます。

公聴会が終了した後に労働保護課が作成した「労働基準法草案に関する公聴会意見摘録」では、条文ごとに意見が整理されていますが、第7条の適用事業の範囲について、労働者側の「最も封建的労働状態にある家事使用人を除外してある。是非共適用すべきである」という要求が明記されています。少なくとも当時の認識では、「同一の家に属する」女中こそが「最も封建的労働状態にある」者とみなされていたわけです。

公聴会後の第二期労務法制審議会では、11月9日の小委員会で志賀義雄、末弘厳太郎《いずたろう》、桂皋《たかし》の3人が「家事使用人に適用しないこと反対、別の保護規定を設けよ」と主張しています。この3人の取り合わせがとても面白いのです。

志賀は当時日本共産党政治局員で衆議院議員でもありました。何で共産党の幹部が労務法制審議会に出てきているんだ、と思うかも知れませんが、いやいやそれどころか当時日本共産党書記長として権勢を振るっていた徳田球一が中央労働委員会の労働側委員を務めていて、表では争議の調停をやりながら裏では革命を煽っていた時代だったのです。ちなみに志賀は後に、親中派だった宮本顕治書記長によって親ソ派として除名されています。

末弘は東京帝国大学法学部教授として日本で初めて労働法の講義を行った人ですが、この時期には労働組合法、労働関係調整法など戦後労働基本法制の設計者として八面六臂の活躍をしていました。この時も労務法制審議会の会長なのですが、労働基準法については必ずしも主導権をとってはいなかったようです。

桂は戦前協調会に入りながら（この時の同僚に矢次一夫がいます）労働争議で組合側に荷担したとして諭旨免職になり、その後東京瓦斯《ガス》に拾われて労務担当になり、戦後は協調会の受け皿として設立された中央労働学園大学（法政大学社会学部の前身）の理事長になるという数奇な人生を送った人です。何にせよ、こういう多様な立場の人が一致して家事使用人の適用除外に反対していたのです。

しかし、適用除外という政府の方針に変わりはなかったようで、12月24日の労務法制審議会最終総会では、桂が「家事使用人は人数の如何を問はず適用しないことに間違はないか」と問い、末弘会長が「その通り」と素っ気なく答えています。

労働基準法案は１９４７年3月4日に大日本帝国憲法下の最後の第92回帝国議会に提出されましたが、そこには第8条柱書但書として「但し、同居の親族のみを使用する事業若しくは事務所又は家事使用人については適用しない」という一文が書き込まれていました。この時厚生省労政局が部外秘資料として作成した「労働基準法案解説及び質疑応答」には、第30問として家事使用人の適用除外についての想定問答が収録されています。

第三十問　我が国で最も封建的な使用関係に立つ家事使用人を適用から除外した理由如何。

答　家事使用人は女子労働者中に占める割合も多く、その使用関係はお説の通り封建的なものであるが、その労働の態様は、こゝに列記された各事業に於ける労働とは相当異るものがあつて、之を同一の労働条件で律する訳には行かぬ。先進諸国に於ても、家事使用人に対する労働条件法を定めてゐる国は極めて少い。又之を定めても之が実行を保証することが極めて困難である。家事使用人の問題は此の法律の運用状況とも睨み合せ、実情調査の上、将来の研究問題として置き度い。

終戦直後の流行語としての「封建的」というのは、アカデミックな文脈におけるフューダリズムという意味ではなく、家族制度の下で家長がイエ構成員に対して絶対的権限を振るう家父長制というニュアンスで用いられていました。家事使用人はまさに同居の親族と同様に「同一の家に属する者」としてその家父長の支配下にあるがゆえに「封建的」と形容されていたのです。

そして、ここが重要ですが、だからこそ近代的な労働契約関係を前提とする労働基準法を容易に適用しがたい領域だと考えられ、それゆえ学識者や労働側の反対論にもかかわらず適用除外を貫いたのでしょう。

これを裏返していえば、大和俊子が創設したニュービジネスとしての派出婦会にはそういう意味での「封建的」なところはほとんどなく、まさに契約関係で臨時的に労務のやり取りをする商取引なのですから、労働基準法を適用除外しなければならないような理由はこれっぽっちもなかったのです。もっとも、その派出婦会を禁止した職業安定法の労働者供給事業禁止規定の原動力も、コレットの声明にみられるように、親分子分関係という「封建的」な労務供給請負業に対する「民主的」な批判に由来するわけですから、労働をめぐる封建性と民主性の絡み合った関係は複雑怪奇なものがあります。

4　帝国議会での質疑

大日本帝国憲法の下での最後の帝国議会でも、この条項についての質疑がされています。まず１９４７年3月14日の衆議院労働基準法案委員会における荒畑勝三議員の質疑です。

彼は荒畑寒村《かんそん》という筆名の方が有名でしょう。戦前来の筋金入りの社会主義者で、共産党の設立に関わり、戦後は全金同盟（現在のものづくり産業労働組合〔ＪＡＭ〕。芳野友子連合会長の出身組合です）初代会長を務めるとともに、日本社会党の結成に参加しました。ここでは、女中の問題と芸者の問題を交えて論じていますが、女中に係る部分だけ引用しておきます。

○荒畑委員　その次には適用事業の範囲ということが問題になるのでありましょうが、この中で他の点は別としまして、ただ一つお伺いしたいのですが、八条の但書に「家事使用人については適用しない」ということがあります。家事使用人と言えば、女中などがそのおもなる対象になると思うのでありますが、女中というものは全国に何でも二十万近くあるという話でありまして、明白に給料をもらつて人のために働いている。これをどういうわけではずされるのか。私は当然この適用範囲にはいるべき対象と思うのですが、その点。

……真面目な女中などについても、日本の女中というものは、ほとんど自分の時間がない。朝でも昼でも晩でも、夜中でも、命じられれば仕事をしなければならぬ。その点は政府の言われることとまるで話が違うのでありまして、こういうものこそ私は大いに保護しなければならない、非常に封建的な、昔ながらの制度のもとに生活をしているのですから、これこそ私は本法によつて人たるに値する生活を多少ともできるように、保護してやらなければならぬだろうと思うのであります。殊に女中の中には十六、七というような少女もおりましようし、深夜業禁止という条項に当然該当するような事情が女中とか、……そういうものが皆ひつかかつて来ると思うのでありますが、そういう点についてはどういうふうにお考えになつておりますか。

○吉武政府委員　適用事業については家事使用人は適用しておりません。これはお話のありましたような女中を意味しておるのでありますが、今日の日本の状況では、やはり家庭に住みまして、家庭人の一員として生活をしておるので、これを直ちに就業時間何時間、賃金いくらと申しましても、なかなかむずかしいことでありますから、この点は除いたのであります。……

「日本の女中というものは、ほとんど自分の時間がない。朝でも昼でも晩でも、夜中でも、命じられれば仕事をしなければならぬ」という言葉には、放火した女中松山秀子16歳（仮名）の心の叫びが響いているようです。

次に3月15日の同委員会における山崎道子議員の質疑です。彼女は看護婦から労働運動に身を投じ、戦後は社会党の女性議員の代表格として活躍しました。戦前は派出看護婦の経験もあり、家事使用人と派出婦との関係についても問うています。

○山崎（道）委員　私は第八条の中に「同居の親族のみを使用する事業若しくは事務所又は家事使用人については適用しない。」という条項があるのでございますが、これはいろいろ取締りがむずかしいからという御答弁があつたそうでありますが、このごろ家事使用人殊に女中でございますけれども、非常に黙過するに忍びないような状態があるのでございますけれども、これはどうしてもこの条項から削らなければならないのでございましようか。いろいろの例を耳にいたしておりまする。すなわち家庭が今のような経済になりましたので、内職を請けてきたりいたしまして、これができ上つたらその収入はお前にもやる。私もやるからお前もやろうではないかということで、主人が女中に内職を強要いたしたり、そうしてできたものを相当搾取したりしておるような現状があるのであります。こういう場合には何とか保護する方法がないものでございましようか。私はやはり条文の中に、家事使用人のことも入れていただきたい。かように考えますけれども、その点をちよつとお伺いいたします。

○河合国務大臣　これは家庭生活の内容に関係のあることで、どうもやはり一般の企業と同様にみるというのに、少し実際上の問題から無理がなかろうかと思う趣旨でありまして、大抵各国とも家事使用人は適用しておりませんような実情ですから、だんだんこの法律に慣れてきまして、そこまでに及ぼしてもいいという時期も来るだろう。また一面におきまして、こういう個人思想の展開とともに、だんだんそういう今までの弊害の面が直される。そういう線に沿つて考えなくちやならぬのじやないかというふうに考えております。

○山崎（道）委員　日本の習慣が民主的でないためにいたし方もないと言えば言えるのでございますけれども、まつたく女中は朝早くから夜遅くまで、寸時も自分の自由をもたない。まるで奴隷のような存在でございますので、何とか休養、自由の時間というものを、与えるようなことにできないかと私は思いますけれども、ひとつ御研究願いたいと思います。それから派出婦人会などで派出いたしております婦人――あるいは病人の世話とか洗濯とか家事の手伝いとかをする派出婦人会というものがございまするけれども、この派出婦人の数は相当に上つておりますが、これらの保護はどういうことですか。ちよつとその点を……。

○寺本政府委員　派出婦の事業が家事使用人という家事の業であるか、それとも派出の業という特別の業であるか、派出婦を雇つております雇主が、その出先の主人であるか、それとも派出婦会の会長であるかというようなことは、個々の事実を調べました上で、この法律を適用するようにいたしたいと思います。なおこの法律の各項に該当しないぢやないかというようなお話でございますれば、八条の十七号の「その他命令で定める事業又は事務所」というのがございますので、派出の事業をこれに適用するかどうかは、この法律の運用でやつていけることだと思います。

寺本課長の答弁にあるように、法の制定後、省令で「派出婦会……その他派出の事業」が適用事業として規定され、「この法律を適用するように」なりました。山崎議員が切々と訴える女中の問題に対してはゼロ回答ですが、派出婦はそういう女中ではないということは、政府側も議員側も当然の前提として共有する認識であったのです。

しかしながら逆にこの寺本課長の答弁の中には、派出婦の雇主が派出婦会の会長ではなく「その出先の主人」だということになってしまったら、それは労働基準法が適用される「派出の業という特別の業」ではなく「家事使用人という家事の業」になってしまい、封建的な女中と同じく労働基準法の適用が剝奪される可能性があるということも、さりげなく示唆されていたことになります。読めば読むほどその後の歴史の展開を予言していたような国会質疑でありました。

5　派出婦会は1999年まで存在していた？

労働基準法は1947年4月7日に法律第49号として公布、同年9月1日に施行されました。その直前の同年8月30日に労働基準法施行規則（厚生省令第23号）が公布され、法と同時に9月1日から施行されています。序章で一度みましたが、その第1条には次のような規定がありました。寺本課長の約束通り、「この法律を適用するように」したのです。

労働基準法施行規則（昭和二十二年八月三十日厚生省令第二十三号）

第一条　労働基準法（以下法という。）第八条第十七号の事業又は事務所は、次に掲げるものとする。

一　弁護士、弁理士、計理士、税務代理士、公証人、執行吏、司法書士、代書、代願及び獣医師の事業
二　派出婦会、速記士会、筆耕者会その他派出の事業
三　法第八条第一号乃至第十五号の事業に該当しない法人又は団体の事業又は事務所

省令の立案過程も詳細に残っています。1947年5月26日付の第1次案に既に第1条第11号として「派出婦会の事業」というのが入っています。同年6月20日付の修正第1次案ではこれに「速記士会その他派出」が加えられ、6月24日付の第2次案では「及び托児の事業」が挿入されますが、7月18日付の第4次案で「及び托児の事業」が落とされ、代わりに毛筆で代筆をする「筆耕者会」が入りこむという転変を経ていますが、派出婦会だけは一貫して存在し続けています。つまり、省令制定過程を通じて、派出婦会から派遣されてくる家政婦に労働基準法を適用することには、誰も何の疑問も抱くことはなかったということです。

ちなみに、同年8月12、13日に東京で開催された労働基準法施行規則案に関する公聴会

には、使用者側代表の一人として、東京派出婦会組合も招待されています。また8月15、16日に大阪で開催された公聴会には、やはり使用者側の出席者として大阪府看護婦会組合が含まれています。いずれにおいても第1条は全く議論になっていませんが、派出婦会がれっきとした使用者であり、そこから派遣される看護婦や家政婦が労働基準法の適用対象であるということは、誰も何の疑問も抱くことのない常識中の常識であったことが窺われます。ちなみに、この東京派出婦会組合は１９３３年に結成されており、その会長は当然のことながら大和俊子が務めていました。

なお、8月16日の大阪公聴会では、法第40条（労働時間及び休憩の特例）の関係で、使用者側から「派出婦は病人に昼夜つききりであるが本条二項に該当するや」という質問が出ています。この段階でも、派出婦に労働基準法が適用されることを前提に、労働時間の特例を求める意見が出されていたのです。

ではこの労働基準法施行規則第1条第2号の「派出婦会……その他派出の事業」という文言はいつまで存在していたのでしょうか。実は、１９９８年9月30日の労働基準法改正によって、第8条が削除されるまで存在し続けていたのです。この改正により、それまで第8条柱書の但書として存在してきた家事使用人の適用除外規定が第１１６条の第2項として平行移動していますが、適用事業の各号列記はなくなり、これに伴い労働基準法施行規則第1条も削除されました。この改正法の施行は１９９９年4月1日ですから、その前日の１９９９年3月31日まで日本国の実定法上には、労働基準法の適用事業の一つとして派出婦会が存在し続けていたことになります。

実際、この間刊行された官民の膨大な労働基準法の解説書においても、現に省令の冒頭に存在し続けている以上、特段のコメントもなく適用対象事業として派出婦会を挙げ続けてきました。しかしながら、私が目にした限りでは、この派出婦会とはいかなるものであり、そして実際に労働基準法が適用されているのかどうかといったことについて一言でも言及している書物や論文は見当たりませんでした。労働基準法をめぐっては山のような議論の数々が積み重ねられてきたにもかかわらず、その中には彼女らの運命に思いをはせようとするものはただの一つもなかったのです。

ちなみに、それはお前の調査範囲が狭いからだ、私は以前からちゃんと指摘していたぞ、という方がいれば、是非ご連絡下さい。本書に増刷の機会があれば、その旨をきちんと記述し、永くその栄誉を称えるつもりです。

6 労災保険法ではどうだったか

さて、本書執筆のきっかけとなった家政婦過労死事件は労災保険法の適用が直接の焦点でした。では、労災保険法においては派出婦会はどのように扱われていたのでしょうか。労働基準法の施行と同日付けで労災保険法も施行されましたが、同法は施行時においては労働者5人以上の製造業、鉱業、300人以上の建設業等を強制適用事業とし、それ以外の事業は任意適用事業として、全面適用ではありませんでした。その任意適用事業は、労災保険法第3条第2項でこう規定されていました。

労働者災害補償保険法（昭和二十二年法律第五十号）

第三条……

② 労働基準法第八条に規定する事業で前項に掲げるもの以外のもの及び同条に規定する事務所（以下事業という。）は、これを任意適用事業とする。

そして、その任意適用事業の具体的な例示として、当時の行政官が著した解説書では、上記労働基準法施行規則の文言をそのまま引っ張って、「一三　派出婦会、速記士会、筆耕者会その他派出の事業」と明記していました（労働省労働基準局労災補償課編『改正労災保険法精義　逐条詳解と疑義解説』三信書房、１９４８年）。労災保険法の立場からしても、派出婦会から派出されてくる派出婦は労災保険法が（任意適用とはいえ）適用される労働者であることになんの疑いもなかったのです。そして、労働基準法の解説書と同様、労災保険法の解説書においてもこの記述はそのまま踏襲され続けました。

　もっとも、労働基準局の人々がこの問題をどこまできちんと考えていたのかはかなり怪しいところがあります。１９４９年という時期に、派出看護婦を自営業者と取り違えたような照会に対して答えた通達（昭和24年10月26日基災収第５５２７号）が残っていますが、答の趣旨もいまいち不明です。

　問　今般T看護婦、助産婦、保健婦会長及びT保健婦会長より労災保険に加入したき旨の要望がありましたが、派出看護婦の労働態様は、土木建築、馬車ひき、木材伐採の事業における所謂一人親方の労働態様とその形態実質が全く類似しているので、派出看護婦の労災保険加入についても、昭和二十二年十一月十二日附基発第二八五号「土木建築労働者についての労働者災害補償保険法適用について」通牒の趣旨に基き、右通牒によつて取扱つてよいか伺います。

追つて、派出看護婦会解体後の本県における派出看護婦の労働態様は、個々の派出看護婦が公共職業安定所に職業の登録をなし、需要ある場合は、職業安定所が自ら労務の供給を行い、派出看護婦は直接患家より看護の報酬を受けている現状でありますから念のため申添えます。

答　派出看護婦については、昭和二十二年十一月十二日附基発第二八五号「土木建築労働者についての労働者災害補償保険法適用について」の通牒による取扱をすることは適当でない。

いうまでもなく、派出婦はれっきとした雇用される労働者であって、一人親方のような契約上も独立自営業者であるものと一緒にするのはとんでもない勘違いです。ただ、使用者がそれまでは派出婦会であったのに、それが禁止されてしまったために、一般家庭が使用者だという仮構が押しつけられてしまい、その結果労働基準法が適用されない家事使用人というレッテルが貼られてしまっただけです。その意味で、一人親方と一緒にするなという回答は間違っていませんが、ではどうしたらいいのか、その答はどこにも示されていません。

一方、１９５９年11月13日の衆議院社会労働委員会では、日本社会党の伊藤よし子議員の「つき添い看護婦さん、派出看護婦さんなんかの場合にも、監督官庁の方から会に、労災保険に入るようにというような、何かそういうふうにしていただけないか」という質問に対して、堀秀夫労働基準局長は「派出看護婦それから家政婦等についても同じような問題があると思います。労働基準法、労災保険法は労働関係や雇用関係を前提にしておりますので、雇用主がないといけないわけでございます。ただ患者のつき添いをやっておるというようなことではなかなかその適用はむずかしいことになります。そこでお話のようなことができるかどうかという問題でございます。すなわち看護婦会、派出婦会、そういうものを使用者にすることができるかどうかという問題でございます。これは要するにその会と派出看護婦あるいは家政婦の方との間に雇用関係、労働関係があるかどうかという事実認定の問題になるわけでございます。お話の趣旨はよくわかりましたから、一つわれわれも何かうまい考えが出ないかどうか、よく研究いたすことにいたしたいと思います」などと、相当にぼけた答弁をしています。

労働基準法と労災保険法は派出婦会を使用者だと認めているにもかかわらず、職業安定法がそれを禁止して家庭の直接雇用にしたために適用できなくなっているという問題状況を、担当局長がほとんど理解していないかのような答弁ぶりです。しかも「よく研究」といいながら、この問題は長らく放置されました。

一方、その後の1966年10月に刊行された労働省労災補償部編『新労災保険法』（日刊労働通信社）でも、引続き任意適用事業として「派出婦会……その他派出の事業」が明記されています。これが消えたのは、1969年12月9日の労災保険法改正により、労災保険が全面適用となったときです。任意適用事業というのは（経過措置を除き）なくなったので、派出婦会をわざわざ挙げる必要もなくなったというわけです。

とはいえ、論理的にいえば全面適用によりそれまでの任意適用事業がすべて強制適用事業になったのですから、派出婦会も強制適用事業になっていたはずです。少なくとも1999年3月31日までは労働基準法施行規則第1条に書かれている以上、派出婦会の派出婦は労災保険が適用される労働者であったはずです。日本国の実定法体系の上では、そのことを否定する論拠は一つもありません。

第7章　家政婦紹介所という仮面を被って70年

1　家政婦紹介所の実態

さて、労働者供給事業の全面禁止という存立の危機をすり抜けるために、派出婦会が家政婦紹介所という本来の姿とは異なる仮面を被るようになってから70年以上の年月が経ちました。その実態がいかなるものであったのかを、職業安定行政の関係雑誌である『職業研究』（雇用問題研究会）の各号からいくつか拾ってみましょう。

まず、家政婦が職種指定されて2年後、『職業研究』1953年8月号には「有料職業紹介事業の実態を探る」という記事が載っており、モデル、マネキン、芸能人、看護婦と並んで派出婦も取り上げられています。当時の実情がビビッドに描き出されており、大変興味深いものです。池袋公共職業安定所の佐藤喜美民営事業課長によれば、宿舎を利用する求職者からは別に宿舎利用費を徴収しており、この宿舎利用費の徴収が事業者の収入の好い財源となっているのは見逃せず、また宿舎利用希望の有無によって求職者の扱いを左右にするような傾向が一部の事業者に見られるとも述べています。

「家政婦は、家事使用人の範囲に入るために労働基準法の万全の保護は受け得られない面がある」などと、その保護を剝ぎ取った職安行政がどの口で言うのかという一節もありますが、家政婦の労働実態の描写は凄惨なものです。曰く、「気難しく横へいな求人者に逢うと余程修錬が積んでいないと耐えられない時もある。病人の附添いで相当な重患の求人者のもとに働く家政婦は、時によると朝は早く夜は遅くまで夜通しその世話の仕事のために腰をおろして食事をする暇もない程で、睡眠不足も加わつて健康を害して休養を執り寝込んで仕舞う者も出て来ることがある。家政婦が就労してみて一番辛いことは睡眠不足と紹介先での周囲の者の無理解と病院等において看護有資格者等より蔑視されることなどを挙げている。嬉しいことは就労を終えて紹介所の宿舎に帰り十分に睡眠も採られ足腰も存分に伸ばすことが出来ること、帰ると吻《ほ》つとした気易すさから冗談の一つも出ようというもので、紹介所の宿舎は鬱屈した気持ちの吐き場所でもあり、また憩いの場所ともなつている」と、まるで戦前の女中のごとくです。

同誌１９５５年１月号に載った宮田泰静静岡県職業安定課長の「寡婦の職業問題をめぐつて」には、むりやり有料職業紹介事業という実態にそぐわない仮面を被せたのは職安行政自身であったことを忘れてしまったかのような「素朴な疑問」が綴られています。

「ところがここに問題となるのはこれらの家政婦がいずれも営利職業紹介所としての家政婦紹介所に所属していることである。この営利紹介所は労働大臣の許可事業ではあるが仔細に検討すると今日の市中の家政婦紹介所の実態は決して単なる紹介事業ではなくむしろ労務供給事業であることだ。……普通の紹介所であれば求人者と求職者間の雇用関係の成立について求職者は紹介手数料を支払えば紹介行為は完了し求職者は紹介所からは一応手が切れるのであるが、家政婦紹介所の場合は紹介行為が完了してもなお支配従属関係は断絶せず、労働した日数に応じて賃金全体について紹介手数料として八歩乃至一割を毎日徴収される」と。全く仰るとおりとはいえ、どの口でそれを言うのかという感もあります。

1956年8月号では神奈川県と兵庫県の職業安定課が「民営職業紹介事業の実状について」報告しています。神奈川県では、看護婦家政婦紹介所は45か所、登録求職者数は1841人、就職延数は2万5665件で、「これら登録宿泊求職者の三分の二は主として東北各県から来ている三〇才～五〇才の出稼型の看護婦、家政婦であり、残り三分の一は県内の未亡人、家庭の主婦等で占めて」います。

ちなみに、「その他許可されていない職種について、変つたところでは、いわゆるますらを派出夫会が二件」あったそうです。兵庫県では看護婦家政婦紹介所は52か所、「この中には職業安定法施行以後新たに事業を開始した事業所もあるが、大部分は家政婦会、派出婦会の後身である」とのこと。年齢も40歳以上が大半で、「大半の事業所は寮の設備を持ち、入寮者からは一カ月三〇〇〇円から五〇〇〇円程度の寮費を徴収しているが、これが事

職種別	事業所数	登録者数	就職	
			一般	日雇（延）
看護婦・家政婦	45	2,580	276	26,049
調理士	6	871	151	1,022
和生菓子	1	48	9	55
マネキン	2	128	8	2,163
理容師・美容師	1	28	13	0
音楽家・演芸家	1	296	0	89
無料	1	43	0	869
計	57	3,994	457	30,247

表５　民営職業紹介事業の職種別取扱状況

業所の大きな収入源となっていることは否め」ません。

１９５８年７月号でもこの両県の記事が載っています。このうち神奈川県で興味深いのは１９５８年４月の職種別取扱状況（表５）で、全57か所のうち看護婦・家政婦紹介所が45か所と圧倒的大部分を占めていることがわかります。

１９６２年11月号でも神奈川県職業安定課が「民営職業紹介事業の現況」を書いていますが、読んでいくと違和感のある記述にぶつかります。「職種別には看護婦・家政婦が最も多く、三四カ所で全体の五五・七％、次いで調理士の七カ所で一一・五％、その他マネキン三、理容美容二、音楽、演芸、和菓子、配膳、総合工事、雑役が各一という状況で、申請者を含め総数一四〇人がこれに従事している状況にある」。いやいや、総合工事やいわんや雑役は有料職業紹介事業の対象職種として認められていないはずです。もし実際にやっていたら戦前の人夫供給業の再現になるはずですが、どうしたことでしょう。

２　家政婦紹介所の推移

さて、戦前の『職業紹介年報』には、営利職業紹介事業の統計データがちゃんと載っており、本書第２章でもそれを元に作表していますが、戦後になると『労働市場年報』で民営職業紹介事業の統計データは公表されなくなり、辛うじて『労働行政要覧』の１９６１年版から大まかなデータが載るようになります。

表６に、１９６１年から１９９６年までの営利職業紹介事業所数（職業安定法が改正されて営利紹介と実費紹介が統合された１９８６年からは有料職業紹介事業所数）とそのうちの看護婦・家政婦紹介所と家政婦のみ紹介所の数の推移を、『労働行政要覧』各年版によりまとめておきましょう。また、両者を併せた就職件数（一般と臨時日雇）のデータも示しておきます。『労働行政要覧』で欠けているデータは『失業対策年鑑』で補っています。

１９８５年までは常に１位が看護婦・家政婦紹介所、２位が家政婦紹介所でしたが、１

	全事業所数	看・家（1987以後は看護婦）	家政婦	看・家計	看・家就職件数	
					一般	臨時日雇
1961	1,231	651	195	846		
1962	1,276	647	191	838		
1963	1,325	659	197	856		
1964	1,380	660	211	871		
1965	1,411	655	225	880	57,336	4,500,964
1966	1,426	654	233	887	64,948	4,581,740
1967	1,441	644	238	882		
1968	1,488	645	243	888	74,215	4,972,022
1969	1,550	651	241	892	76,030	4,773,808
1970	1,678	644	256	900	74,819	4,433,688
1971	1,746	649	270	919	73,517	4,494,255
1972	1,841	663	283	946	73,894	4,733,486
1973	1,908	667	288	955	79,766	4,723,029
1974	1,935	669	289	958	82,356	4,704,447
1975	2,053	678	289	967	86,717	4,753,676
1976	2,196	699	300	999	85,907	5,173,514
1977	2,314	714	324	1,038	93,220	5,385,015
1978	2,343	705	327	1,032	97,081	5,558,892
1979	2,419	701	330	1,031	107,618	5,743,135
1980	2,544	721	349	1,070	117,252	6,345,422
1981	2,523	717	353	1,070	136,304	6,657,870
1982	2,555	728	373	1,101	148,471	6,969,299
1983	2,576	730	388	1,118	159,295	7,016,807
1984	2,608	718	396	1,114	162,823	7,446,976
1985	2,664	736	410	1,146	180,648	8,254,571
1986	2,682	743	?	?	209,634	8,768,264
1987	2,791	761	1,193	1,954	234,161	9,427,815
1988	2,861	764	1,210	1,974	261,328	10,318,858
1989	2,945	768	1,218	1,986	266,738	10,705,005
1990	3,071	774	1,244	2,018	288,124	10,918,940
1991	3,213	767	1,249	2,016	311,835	11,609,416
1992	3,318	780	1,265	2,045	318,629	11,094,895
1993	3,307	760	1,239	1,999	282,743	10,090,731
1994	3,273	743	1,210	1,953	217,844	9,100,208
1995	3,227	725	1,171	1,896	151,926	7,494,398
1996	3,187	697	1,125	1,822	107,826	6,718,004

表6　看護婦・家政婦紹介所と家政婦のみ紹介所の数の推移

９８７年以後は1位が家政婦紹介所、2位が看護婦紹介所となっています。なお、この表が１９９６年までで終わっているのは、１９９７年に実質的に対象職種をネガティブリスト化する省令改正が行われたためです。その後１９９９年には職業安定法改正によりほぼ全ての職業についての有料職業紹介事業が可能となり、対象職種別の事業所数は意味のないものとなりました。もっとも、それは職業紹介事業としてはそうですが、実質的には戦前来の派出婦会である家政婦紹介所としては、他の民営紹介所とは異なる独自の存在であり続けていることに変わりはなかったのです。

もう一つ付け加えれば、この間の１９８５年にそれまで全面禁止されていた労働者供給事業のうち、弊害が少なく一定の要件に合致するものを労働者派遣事業として切り出して合法化する労働者派遣法の立法が行われ、パソナなどの人材派遣会社が急激に拡大していくという事態も進んでいました。もともと戦前の労務供給事業のうち、ピンハネ型の人夫供給請負業と異なり、派出婦会型のビジネスモデルにはほとんど弊害はなかったのですが、コレットの怒りの鉄拳で全面禁止された挙げ句、有料職業紹介事業という仮面を被り続けてきたのです。

ところがその大元の労働者供給事業の全面禁止が部分解除され、弊害が少ないとされた事務職派遣などが続々と発展していったのに、弊害なき労務供給事業の元祖であった元派出婦会の家政婦紹介所の方は、そういう歴史の流れから完全に取り残されてしまいました。本来、もっとも身の丈に合った法的枠組みであるはずの登録型派遣という仕組みに乗ることもできないまま、今日まで登録者の派遣と呼ぶべき行為を日々の紹介行為だと呼び続けているのです。

3　戦後の女中と家政婦の実態

さてここで若干歴史を遡って、1960年前後の女中や家政婦の実情を調査した報告書を見ておきましょう。労働省婦人少年局がまとめた『住込家事使用人の実情』（1959年6月）と『通勤家事使用人の実情』（1960年5月）の2冊です。当時の婦人少年局長は、拙著『働く女子の運命』（文春新書）にも出てきた婦人工場監督官第1号の谷野せつです。

ただ、中身に入る前にこのタイトルに苦情を申し述べておかなければなりません。これら報告書で、住込家事使用人として調査対象となっているのは「主として住宅地域における住民登録票を台帳とし、家族の中に『家事使用人』『同居人』などの該当者がいる世帯をぬきと」ったものであり、通勤家事使用人として調査対象となっているのは「家政婦紹介所及び職業安定所に登録している家政婦」なのですから、まさにそれぞれ女中と家政婦に該当します。

しかし、前章までで見たように、労働基準法が制定された時点で家事使用人に該当したのは家族の一員である女中であって、派出婦会に所属する家政婦は家事使用人ではなかったのです。それからほんの10年ちょっとしか経っていない１９６０年前後に、既に家事使用人という言葉を通勤の家政婦に使っても何の違和感も感じないようになっていたことを、この報告書のタイトルは物語っています。

ついでにいうと、谷野せつは寺本広作の下で労働基準法制定作業に関わった当人なのですから、「ちょっと待って、家政婦はいつから家事使用人になったの？」と部下に問い質してもよかったはずです。

それはともかく、戦後になっても女中たちの生活労働条件は厳しいものがありました。全国30万人に上ると推計されている住込家事使用人の年齢は低く、15～25歳が大部分で、9割が未婚者で、既婚者でも有夫の者はほとんどいません。１日の拘束時間は14～16時間が一番多く、午前7時以前に起きて午後9～11時前に家事を終えています。大部分の家庭に女中部屋があり、1日の自由時間は1～3時間程度です。平均月額給与は3586円で、他産業よりだいぶ低いですが、食住付きと考えればそれほど低くないとも言え、また拘束時間を考えればやはり相当低いとも言えます。

世帯主の職業で最も多いのは会社役員の34％で、次いで小売業の17％ですが、大学教授、弁護士というのも2％ほどいます。後述の通勤家事使用人の場合会社役員は19％なので、やはり女中を置く家庭は家政婦を頼む家庭より若干上流に位置するようです。

採用経路をみると、知人の紹介が55％、親類の紹介が23％、公共職業安定所が8％、学校が3％と、大部分が縁故紹介で、江戸時代から戦前まで女中紹介の主流であった営利紹介業者の姿は消えています。もっとも、この時期の有料職業紹介事業の対象職種に「家政婦」はあっても「女中」はないのですから当然とも言えます。

現職に就いた理由で一番多いのは「行儀見習をしたいと思ったから」の39％で、次いで「自分に合う仕事と思ったから」の20％、「都会に出たいと思ったから」と「他にいい仕事がなかったから」がいずれも17％、「親兄弟にすすめられたのでその気になった」が14％と、あまり積極的な理由ではありません。

これに対し、通勤家事使用人という名で呼ばれている家政婦については、移動が激しいとしつつ、1960年6月末の全国家政婦紹介所に登録する家政婦数は約3万9千人と推計しています。平均年齢は42・7歳で住込家事使用人より遥かに高く、また既婚者が85％、うち44％が有夫者、死離別者が39％で、大部分が子供を持ち、その年齢も手がかからない15歳以上です。平均稼働日数はひと月22日で、労働時間は一般よりは長く、8〜10時間が34％、10〜12時間と12〜14時間がそれぞれ29％ですが、住込家事使用人の平均15時間よりは遥かに短くなっています。給与形態はほとんど日給で、平均日給額は365円でした。

採用経路は調査対象がそもそも家政婦紹介所の家政婦と職安紹介のパートタイマーなのでこの両者に限られますが、その割合は7：3でした。興味深いのは、家政婦紹介所の家政婦に手数料の支払について訊ねたところ、はっきり手数料を支払ったと答えた者は70％余りで、あとは「先月全然働かなかったため支払わない」とか「まとめて支払っているので、手数料がいくらか判らない」「何を払っているのか全然判らない」などという実情だったようです。

この両者の違いについて、「住込家事使用人が労働時間の長さ、個人生活の規制などの理由で、若い婦人層から敬遠されており、又一面使用者側からは家事処理の技術的低さの苦情が多く、使用人、使用者間の不満が大きくくいちがっている実情にあったのに対して、通勤家事使用人の場合は、状況はむしろ一般労働者のそれに近よっているとみられる」と評しています。また、「通勤家事使用人を雇っている家庭は会社役員等の中流以上のものよりむしろ一般会社員、教員などの勤人が多く、その主婦は家事使用人を家事専門家として扱い、時間ぎめで使用することを受け入れる近代的な考え方を持っている層が比較的多い」という評価も興味深いものがあります。

4　文学の中の女中と家政婦

ここで当時の女中の姿を描写した小説を紹介しておきましょう。戦後芥川賞受賞第1号の由起しげ子が『小説新潮』１９５４年12月号に発表した「女中ッ子」です。山形から中学卒業と同時に上京し、東京郊外の加治木家で女中として働き始めた織本初《はつ》が、加治木家の人々との間で織りなすさまざまな人間模様を描いたもので、かつてどの小学校の図書館にも置かれていた偕成社のジュニア版日本文学名作選にも収録されていました。最近では阪本博志編『紙礫16　女中』（皓星社、２０２２年）に収録されて読むことができます。

さて、織本初は貧しい両親に仕送りをして少しでも楽をさせたいので女中になったのですが、女中奉公は嫁入り支度のためと考える主婦加治木梅子との会話はすれ違います。

「その代り、ひろ子もいることだし、お給金たくさん上げられないけど、いゝわね」

「いゝです」

「初ちゃんもそのうちお嫁に行かなきやならないでしよう。ウチに五年も辛抱してくれればお嫁の支度ぐらいすつかり出来るわよ」

「はい」

「ひろ子にもあんまりまとまつたもの持たせるとムダに使つちやうだけだからそのつもりで私の方に預つてあるんだけど、初ちゃんもその方がいゝでしよう？」

「わたしお給金もらいたいですけど」

「だつていま別にお金使うことないじやないの。お嫁入の支度たいへんよ」

「お嫁に行かなくてもかまわんです」

「あら、お嫁にゆくよりお給金チャン〱もらう方がいゝの？」

「すまんですけど……」

「おかしな子ねえ。──近頃の人つてやつぱりそうなのかしら」

加治木家では、誰も彼女を一人前に扱ってくれません。親戚のひろ子は、家の中の誰よりもひどく初を見下げる態度をとり、３人の子供たちも大人の態度を見習い、彼女を馬鹿にして「八戒」と呼んだりしていました。ちなみに、この小説は翌１９５５年に日活で映画化されたのですが、そこで織本初役で主演したのは左幸子でした。彼女は羽仁もと子の孫に当たる羽仁進の妻であり、羽仁未央の母です。

その羽二夫央が、学校教育を否定して不登校中の12歳の時、少女漫画家の石本華子のもとに「女中奉公」をした顛末が、『未央のびっくり箱』（文化出版局、１９７７年）の「女中奉公記」という章に書かれています。

一方、由起の３年後に芥川賞を受賞した松本清張は社会派ミステリー作家としてあまりにも有名ですが、彼が１９６３年に『週刊文春』に連載した「熱い空気」（『事故　別冊黒い画集』〈文春文庫〉に収録）は、協栄家政婦会に所属する河野信子という家政婦が青山の稲村家に派遣され、大学教授達也の浮気の証拠を発見し、ある仕掛けで家族関係を破壊していくノワールな味わいの小説です。

これをテレビドラマ化した１９８３年の「熱い空気　家政婦は見た！」で主演したのが市原悦子で、これが人気を博したため、主人公や紹介所の名前などを変え、彼女主演でシリーズ化したのが、「はじめに」の冒頭に出てきた土曜ワイド劇場『家政婦は見た！』でした。２００８年まで26年にわたって放送されたこの番組の影響は大きく、恐らく現代日本人が家政婦という言葉から思い描くのは、ほぼ市原悦子の顔なのではないでしょうか。

5　紹介所に求職者の福祉増進努力義務？

このように、派出婦会が家政婦紹介所という本来の姿とは異なる仮面を被るようになってから40年近く経った１９９０年代初頭に、その仮面の違和感を表出するような立法が行われたことがあります。１９９２年5月27日に公布された介護労働者の雇用管理の改善等に関する法律（介護雇用管理改善法）です。

いうまでもなく１９９０年代は高齢者介護が社会政策の最重要課題となり、ホットな議論が展開された時代です。政権交代が相次ぐ中で１９９７年12月17日に介護保険法が公布され、２０００年4月に施行されています。これと並行して、労働行政においても介護に関わる政策が進められました。一つは１９９５年6月9日の育児休業法改正による介護休業の導入ですが、もう一つがこの介護雇用管理改善法でした。この法律の興味深い点は、他の諸法と同様の事業主の責務の規定の次に職業紹介事業者の責務も規定されているという点です。

（定義）

第二条　この法律において「介護業務」とは、身体上又は精神上の障害があることにより日常生活を営むのに支障がある者につき入浴、排せつ、食事その他の介護を行う業務をいう。

２　この法律において「介護労働者」とは、専ら介護業務に従事する労働者をいう。

３　この法律において「事業主」とは、介護労働者を雇用して、専ら介護業務を業として行う者をいう。

４　この法律において「職業紹介事業者」とは、介護労働者について職業安定法（昭和二十二年法律第百四十一号）第三十二条第一項ただし書の許可を受けて有料の職業紹介事業を行う者をいう。

（事業主等の責務）

第三条　事業主は、その雇用する介護労働者について、労働環境の改善、教育訓練の実施、福利厚生の充実その他の雇用管理の改善を図るために必要な措置を講ずることにより、その福祉の増進に努めるものとする。

2　職業紹介事業者は、その行う職業紹介事業に係る介護労働者及び介護労働者になろうとする求職者について、これらの者の福祉の増進に資する措置を講ずるように努めるものとする。

職業紹介事業者というのは、本来は求人者と求職者という当事者間の斡旋を第三者として行い、手数料を頂けばそれでおしまいの存在のはずですが、ここではなぜか労働者を雇用する事業主と同列に、雇われている間もそうでないときも労働者の福祉の増進に努力しなければならない存在として、法律上に明記されています。なぜこんなおかしな規定を置かなければならなくなったのか、本書をここまで読んできた方なら簡単に答えることができるでしょうが、そうでない人であれば、どんなに高名な労働研究者であってもその正当化に苦労するのではないでしょうか。

この法律ができたときの解説書（齋藤邦彦『詳説介護雇用管理改善法』労務行政研究所、１９９２年）には、この規定の理由として「職業紹介事業者の行う職業紹介に係る介護労働者いわゆる家政婦については、一般に雇用主が個人家庭（要介護者自身又はその家族）

であることから、雇用主の自主的努力に基づき雇用管理を改善する基盤を欠いており、他の者が代わってその福祉の増進を図る必要がある。一方、家政婦の就業実態をみると、一つの職業紹介所に求職登録した後、基本的に職業紹介所を変えることなく長期間にわたって紹介による就業と休業を繰り返しており、その間、職業紹介事業者は家政婦の教育訓練を行ったり、住宅を設置するケースが多く、家政婦の職業紹介事業者への帰属意識は極めて高い」と、率直に実情が記述されています。

　これを端的に言えば、家政婦の本当の使用者は一般家庭などではなくて、紹介所と称している派出婦会なのだけれども、立場上そうは言えないので、事業主と並べて紹介所に努力義務を課したのだ、ということになるのでしょう。

　ちなみに職業安定法施行直後には、「派出婦人会の会員である派出婦の居住権については、判決は雇傭契約に含まれている特殊のもので家屋についての独立的使用占有権はないものとしている（昭二四、三、一九東京地裁）」と、派出婦を派出婦会に雇用される労働者とする判断がされていました（八子音次郎『借家人の手帖』（住宅復興同盟、１９５２年））。派出婦会の寄宿舎は社宅であって、石崎秋子のように自室で猫を飼っていても居住権はないのです。

実はこの時期、労働行政の内部で介護業務を行う家政婦を職業紹介から労働者派遣システムに移そうという意見もありました。当時職業安定行政に大きな影響力を持っていた高梨昌日本労働研究機構研究所長（後に会長）は、自ら語り手として行ったオーラルヒストリーにおいて、次のように語っています（１９９４年６月14日証言。高梨昌『証言　雇用・能力開発の政策形成』エイデル研究所、２０１０年）。

……たいへんホットな政治課題は、厚生省が病院の付添婦を直傭にするというので、有料職業紹介業者からの紹介を排除しようとしています。その排除しようという理由は、家政婦さんは無技能者であるから、介護福祉士という資格をつくって、その資格試験に合格したのを介護士にしますという提案です。しかし、家政婦や付添婦さんは事実上、その試験に合格できないために、介護サービスから締め出しをくっているわけです。その結果、家政婦会は商売上がったりになります。それで、私が前から家政婦会の人にアドバイスしているのは、介護を紹介だけではなくて、派遣に変えなさいということです。紹介は手数料が収入ですから、付加価値が低いわけです。派遣にしてみずから雇用主になって、……それでやればいいんです。指揮命令は病院ができるわけですから、直傭と同じになるわけです。私はこの間、家政婦紹介の業者が40社ぐらい集まったときに呼ばれて、派遣の仕組みは何かと解説した際に、「あなた達紹介と派遣の二枚看板がだせるようによく考えなさい。自分たちの紹介している人達が必要とするのだから、紹介の問題を連合に陳情してきなさい」と。で、連合事務局長の鷲尾悦也さんに紹介状を書いてあげたんです。そういうことをして、もっと世間の関心を呼びさまさないとだめですよと、そういうアドバイスをしました。

しかしこの時は、労働者派遣事業の対象業務拡大に介護を追加しようという動きは労働側の反対で失敗しました。

その後1999年6月30日に、上述の職業安定法の改正と同時に労働者派遣法が大きく改正され、それまでのやってよい業務だけを列記するポジティブリスト方式からやってはいけない業務だけを列記するネガティブリスト方式に移行し、家事も介護もやっていい業務になったので、家政婦紹介所が家政婦派遣事業所になることを妨げる法的制約はなくなりました。

とはいえ、50年間住み慣れた紹介所という枠組みがあまりにも身にへばりついてしまったためか、その後20年以上経っても家政婦紹介所は家政婦紹介所のままで、別途介護保険法に基づく請負による訪問介護事業者としての二枚看板を掛けるというやり方が一般化していったようです。当時の労働行政もそれを推進していました。

『財形福祉』1999年7月号から2000年6月号まで連載された「介護労働の現場から——家政婦に何が求められているか」には、労働省担当官から家政婦紹介所の諸団体、家政婦紹介所の社長まで登場してきますが、労働者派遣という発想は消えてしまったようで、紹介と請負の二枚看板方式を奨励しています。本書冒頭で出てきた家政婦過労死裁判の当事者である山本サービス（B社）も、まさにそれに従って紹介と請負の二枚看板で事業を運営してきた例です。

第8章　家政婦の労災保険特別加入という絆創膏

1　労災保険の特別加入制度とは？

さて、本書執筆の発端となった家政婦過労死事件で、Aさんは B社に登録した後、特別加入団体の構成員として政府の承認を受けておらず、特別加入による労災保険の適用も受けていませんでした。この特別加入というのは、建設業の一人親方のように雇用契約ではない形で働く独立自営業者に対しても、本人が保険料を払うことによって労災保険を準用しようという制度です。以下ごく簡単に説明しておきます。

そもそも労災保険というのは、労働基準法上の使用者の災害補償義務を担保するための社会保険として設けられたものです。論理的にはまず労働基準法に基づいて、使用者が労災に遭った労働者の療養補償、休業補償、障害補償、遺族補償、葬祭料等々を支払わなければならないのですが、実際にはそれらをすべて労災保険がカバーしてくれるという仕組みです。ですから、労災保険料というのは他の社会保険のように労使折半ではなく、使用者のみが負担することになっています。

ところが、世の中で災害に遭う危険性のある作業をしているのは雇用労働者ばかりではありません。建設現場では重層請負構造の中で、下請孫請企業の労働者に混じって一人親方といわれる自営の労働者が働いています。彼らが労働現場で災害に遭ったらどうなるでしょうか。法律の筋道からいえば、国民健康保険法（国保）で業務上も業務外もすべて面倒を見ているということになります。しかし、国民健康保険の給付と労災保険の給付ではその水準に大きな格差があります。同じように現場で働いているのに、就業形態が違うだけでそんな格差があるのはおかしいのではないかというのももっともです。

そこで、本来は雇用労働者向けの制度である労災保険の中に（あるいはむしろその脇に）小さな自営業者向けの制度をこしらえて、彼らの団体を通じて本人が保険料を払うことを前提に、雇用労働者と同じ水準の労災補償給付をしてあげましょう、というのがこの特別加入制度です。１９６５年６月の労災保険法改正で導入され、一人親方のほか個人タクシーやトラック運転手などが指定されていますが、最近はアニメーターやウーバーイーツなどの食品デリバリーも対象になったことで注目されています。もちろん、その契約上の自営業者が「実は自分は雇用される労働者なのだ」と訴え出る可能性は常に開かれていますが、その話（労働者性の判断基準）とは別の次元の話です。

再度確認しておきますが、この特別加入制度というのは、そもそも労働基準法上の災害補償義務を負うべき使用者がいない独立自営業者向けに、その自営業者が自分で保険料を払うことによって、労災保険制度を準用しようというものです。ここのところを勘違いすると、わけがわからなくなりますので、今のうちに頭の中をきちんと整理しておいて下さい。

2　家政婦も労災保険に特別加入できるように

　そこで問題です。家事使用人に労災保険は適用されるでしょうか。されませんね。家事使用人は自営業者などでは全くなく、紛うことなき雇用労働者ではありますが、労働基準法により適用除外されているために、家事使用人の使用者には災害補償義務が存在せず、それゆえに労災保険も適用されないことになります。れっきとした雇用労働者だけれども労災保険から排除されているのが家事使用人ということです。ここまではいいですね。

　では派出婦会から派出されてくる派出婦に労災保険は適用されるでしょうか。労災保険法施行時には任意適用事業だったので義務ではありませんが、派出婦会がその気になれば適用できたはずです。ビジネスモデルとしては現在の登録型派遣事業と同じですから、今の派遣会社と同様に派出婦会が保険料を払い、災害が発生したら労災保険給付がなされる、ということだったはずです。

　ところが、本書でここまでみてきたように、労災保険法施行後すぐに職業安定法により派出婦会が非合法化され、紆余曲折の末に有料職業紹介事業という実態にそぐわない仮面を被ることになりました。そうすると、派出婦会に所属していたはずの派出婦たちは派出先の一般家庭に直接雇用される家事労働者ということになり、労働行政も彼女らを家事使用人として扱うようになってしまい、その結果労災保険の適用からも排除されることになってしまったのです。ここまでもいいですね。

しかし、それはいくらなんでも可哀想ではないか、せめて建設業の一人親方並みの補償をしてあげるべきではないか、という風に思ったからだと思うのですが、21世紀になってから彼女らを労災保険の特別加入制度の対象にするという措置がとられたのです。これは2段階あって、２００１年3月23日の省令改正で家庭介護の業務が、２０１８年2月8日の省令改正で家事支援業務が、それぞれ特別加入業務に追加されています。つまり、本件のAさんは家庭介護の業務については特別加入できたのに、それをしていなかったではないか、というのが、本件の背後にある状況であったわけです。

ただ、この特別加入の経緯を調べると、労働行政自身がどこまでこの問題をきちんと認識していたのかいささか疑わしい気配も感じられます。というのも、この２００１年省令改正の元になったのは、その前年の２０００年11月の労災保険法改正に向けた同年1月の労災保険審議会の建議なのですが、そこには「雇用と異なる多様な就業分野の拡大に対応するため、家庭介護等労働者を新たに特別加入の対象に加える方向で検討を行う」などと書かれていました。

家事使用人は労働基準法が適用されないだけでれっきとした雇用労働者であり、「雇用と異なる」ものではありません。もちろん、労働基準法が適用されないものに労災保険だけ準用しようという点では同じことではありますが、法律上の地位についての不正確な理解に基づいて行われたのではないかという疑念を抱かせる表現ではあります。

現時点での労働者災害補償保険法施行規則の規定は次のようになっています。

第四章の二　特別加入

第四十六条の十八　法第三十三条第五号の厚生労働省令で定める種類の作業は、次のとおりとする。

五　日常生活を円滑に営むことができるようにするための必要な援助として行われる作業であつて、次のいずれかに該当するもの

イ　介護労働者の雇用管理の改善等に関する法律（平成四年法律第六十三号）第二条第一項に規定する介護関係業務に係る作業であつて、入浴、排せつ、食事

等の介護その他の日常生活上の世話、機能訓練又は看護に係るもの

ロ　炊事、洗濯、掃除、買物、児童の日常生活上の世話及び必要な保護その他家庭において日常生活を営むのに必要な行為

3　特別加入の保険料は誰がどのように払っているのか？

しかし、ちょっと待って下さい。家事使用人は労働基準法が適用されないというだけでれっきとした雇用労働者です。独立自営業者ではありません。一体どのようにして特別加入の保険料を払うことになっているのでしょうか。実は、大変妙ちきりんな仕組みになっているのです。特別加入制度の本旨に従えば、家事使用人が団体を作って、そこを通じて家事使用人本人が保険料を払うという仕組みになるはずですが、そうはなっていないのです。

現行法上、家政婦の労災保険の特別加入の保険料は、一般家庭が家政婦紹介所に支払う手数料に上乗せして支払われ、そこから国に納入されることになっているのです。有料職業紹介事業の手数料規制については戦後紆余曲折がありましたが、それはここではすべて省略して、現在の職業安定法施行規則の関係規定だけ示します。

（法第三十二条の三に関する事項）

第二十条　法第三十二条の三第一項第一号の厚生労働省令で定める種類及び額並びに手数料の徴収手続は、別表に定めるところによる。

4　有料職業紹介事業者は、法第三十二条の三第一項第二号に規定する手数料表に基づき手数料を徴収する場合であつて、その紹介により就職した者のうち労働者災害補償保険法施行規則（昭和三十年労働省令第二十二号）第四十六条の十八第五号の作業に従事する者に係る労働保険の保険料の徴収等に関する法律（昭和四十四年法律第八十四号）第十条第二項第三号の第二種特別加入保険料（以下この項及び別表において「第二種特別加入保険料」という。）に充てるべきものを徴収しようとするときは、当該手数料表において、第二種特別加入保険料に充てるべき手数料を徴収する旨及び当該手数料の額を定めるものとし、この場合において、当該手数料の額は、当該従事する者に支払われた賃金額の千分の五・五に相当する額以下としなければならない。

別表（第二十条関係）

種類	手数料の最高額	徴収方法
受付手数料	求人の申込みを受理した場合は、一件につき七百十円（免税事業者にあつては、六百六十円）	求人の申込みを受理した時以降求人者から徴収する。
紹介手数料	一　支払われた賃金額の百分の十一（免税事業者にあつては、百分の十・三）に相当する額（次号及び第三号の場合を除く。） 二　同一の者に引き続き六箇月を超えて雇用された場合（次号の場合を除く。）にあつては、六箇月間の雇用に係る賃金について支払われた賃金額の百分の十一（免税事業者にあつては、百分の十・三）に相当する額 三　期間の定めのない雇用契約に基づき同一の者に引き続き六箇月を超えて雇用された場合にあつては、六箇月間の雇用に係る賃金について支払われた賃金額の百分の十一（免税事業者にあつては、百分の十・三）に相当する額又は当該支払われた賃金から臨時に支払われる賃金及び三箇月を超える期間ごとに支払われる賃金を除いた額の百分の十四・八（免税事業者にあつては、百分の十三・九）に相当する額のうちいずれか大きい額	徴収の基礎となる賃金が支払われた日（手数料を支払う者に対し、雇用関係が成立しなかつた場合における手数料に係る必要な精算の措置及び雇用関係が成立した場合における当該雇用関係が成立した時以降講じられることとなる手数料に係る必要な精算の措置を講ずることを約して徴収する場合にあつては、求人の申込み又は関係雇用主が雇用しており、若しくは雇用していた者の求職の申込みを受理した時）以降求人者又は関係雇用主から徴収する。
第二種特別加入保険料に充てるべき手数料	支払われた賃金額の千分の五・五に相当する額	徴収の基礎となる賃金が支払われた日以降求人者から徴収する。

家政婦の特別加入の保険料は、一般家庭が手数料の上乗せとして負担し、それを家政婦紹介所が一種のみなし使用者として納入するという仕組みです。特別加入は本来独立自営業者向けの制度ですが、家事使用人はれっきとした雇用労働者であり、法律上の使用者は一般家庭であることになっている以上、その一般家庭が特別加入の保険料を負担するのは理にかなっているようにも見えます。また、歴史的に見ても実質的に見ても家政婦紹介所という看板を掛けている派出婦会が事実上の使用者機能を果たしてきたわけですから、その紹介所が特別加入の保険料の納入義務を負うのもおかしくはなさそうです。

ただし、特別加入というのは本来自営業者向けの任意の制度ですから、そんなものに加入しない自由はあります。それゆえ、すべての家政婦紹介所がすべての家政婦の特別加入の保険料を徴収し納入しているわけではありません。現に、家政婦過労死事件のＡさんは加入していなかったわけです。

いやちょっと待ってください。この場合、特別加入するかしないかの意思決定は、誰がするんでしょうか？　現行の『職業紹介事業の業務運営要領』には、「有料職業紹介事業者の紹介により労災保険の特別加入の対象となる作業に従事する者又は従事する予定の者が特別加入を希望する場合、当該事業者は労働者災害補償保険法施行規則第46条の23等に基づき必要な下記の書類を管轄の労働基準監督署に提出しなければならない」と書かれており、当該家政婦の希望によって特別加入したりしなかったりするという仕組みになっています。とはいえ、派遣先の一般家庭に余分な負担をさせるようなことを求めるのは、とりわけ短期間の派遣の場合には気が引けてしまうでしょう。

	団体数	加入者数
2018年度末	246	2,795
2019年度末	220	2,594
2020年度末	204	2,360
2021年度末	189	2,161

表7　家政婦の労災保険特別加入状況

実際、過去4年間の特別加入状況を見ると、表7のようにただでさえ少ないのにさらに減少傾向にあります。次章で見る国勢調査の数字と比べても著しく低い数字です。11%の紹介手数料に、特別加入の分として0・55%を上乗せして欲しいとお願いしても、それでうちに何のメリットがあるんだ、嫌だと言われたらどうしようもありません。

そもそも、本来独立自営業者が労災リスクに対して身銭を切って保険料を払うかどうかを任意に委ねるものである特別加入制度を、れっきとした雇用労働者である家政婦が雇用主ということになっている一般家庭に上乗せの保険料を払って貰うかどうかを任意に委ねる制度に換骨奪胎してしまったこと自体に矛盾が孕まれているとも言えます。いずれにしても、この家政婦の労災保険特別加入という仕組みは、ほころびにとりあえず当ててみた絆創膏のようなものだというべきかも知れません。

第9章　家政婦の法的地位再考

1　女中と家政婦のマクロ的推移

ここで、本書の二大主人公である女中と家政婦のマクロ的な推移を国勢調査で見ておきましょう。国勢調査とはいうまでもなく、日本に住んでいるすべての人と世帯を対象とする国の最も重要な統計調査で、1920年（大正9年）以来、戦時下を除いて5年ごとに実施されています。労働力調査と違い、職業小分類までの人口が調査されているので、その推移がよく見てとれます。

ただし、戦前の国勢調査では「家事使用人」という区分しかありません。この時期はまさに大和《おおわ》俊子が派出婦会というニュービジネスを開始し、広まっていった時期なので、国勢調査の項目にまでは進出しきれていなかったのです。表8を第2章の2で見た営利職業紹介事業の就職者数のデータと見比べてみると、大体家事使用人のうち3分の1くらいが営利職業紹介事業によって就職していたようです。

戦後は、1950年から1995年までの10回にわたって、おおむね女中と家政婦に相当する職業小分類が置かれ、ほぼ半世紀間のそれらの推移が分かります（表9）。興味深いのは、初めの2回（1950年と1955年）が「女中（個人の家庭の）」ないし「家事女中」に対する存在の名称として「派出婦」という言葉を使っていることです。1950

	家事使用人	うち男	うち女
1920（大正 9）	634,882	62,018	572,864
1930（昭和 5）	781,319	84,203	697,116
1940（昭和 15）	705,250	36,703	668,547

表８　戦前の国勢調査における家事使用人

年には既に労働者供給事業が禁止され、１９５５年には有料職業紹介事業という仮面を被らされていたはずですが、国勢調査の上では堂々と違法のはずの「派出婦」という用語を用いていたのは、規制部局と統計部局との連絡不足によるものなのか、それとも深い意味があってのことなのかは不明です。１９６０年から１９７０年までは、職業安定法施行規則の用語法に従って、「家事女中」と「家政婦」という名称になります。１９７５年からは、「女中」という呼び方が否定的に捉えられるようになってきたことを反映して、「家事手伝い（住込みの女子）」と「家政婦」という用語になります。

重要なことは、戦後１９９５年に至るまで、国の統計部局は女中と家政婦は区別されるべき別個の存在であると認識していたということです。まさに、家政婦は女中ではなかったのです。それは国勢調査を設計する国の統計官僚にとってはあまりにも当然の常識でした。

これを見ると、戦後もかなり長い間にわたって、個人家庭に住込みの女中の方が紹介所から派遣されてくる家政婦よりも多かったことが

	女中／家事女中／家事手伝い	派出婦／家政婦
1950（昭和 25）	233,639	13,382
1955（昭和 30）	303,710	17,606
1960（昭和 35）	254,370	21,900
1965（昭和 40）	114,475	21,640
1970（昭和 45）	54,820	23,775
1975（昭和 50）	34,405	18,200
1980（昭和 55）	21,530	18,742
1985（昭和 60）	15,804	28,273
1990（平成 2）	11,801	42,230
1995（平成 7）	4,617	28,738

表 9　戦後の国勢調査における女中と家政婦

分かります。両者の数が逆転するのは１９８０年代に入ってからなのです。

それにしても、戦前は60万人を超え、戦後も30万人いた住込みの女中は、高度経済成長とともにつるべ落としのようにその数を減らしていき、１９９５年の国勢調査では5千人を切るところまで縮小していました。

そして、この次の２０００年の国勢調査では、遂にこの二つの小分類が統合され、「家政婦（夫）、家事手伝い」として計上されるようになり、今日に至ります（表10）。それまでの趨勢からすれば、住込みの女中というのは職業としてはほぼ消滅しているに等しい状況になっていると考えてよいように思われます。

一方で、家政婦（夫）の数も減少の一途を辿

	家政婦（夫），家事手伝い	ホームヘルパー／訪問介護従事者
2000（平成12）	27,889	138,164
2005（平成17）	24,238	327,680
2010（平成22）	16,430	275,690
2015（平成27）	11,070	290,160
2020（令和2）	7,250	275,770

表10　2000年以降の国勢調査における推移

っていますが、これはおそらく２０００年と２００５年にはホームヘルパー、２０１０年以降は訪問介護従事者の項目に計上されるようになったためではないかと思われます。１９９７年に介護保険法が成立し、２０００年に施行されてから、多くの家政婦紹介所は介護保険事業者として訪問介護サービスを併せて行うようになりました。序章で取り上げた家政婦過労死事件のB社も、そうした事業者の一つです。

そして、Aさん自身も、本件Cさん宅での就労は家政婦としての就労と訪問介護ヘルパーとしての就労の組合せであったことを思い出して下さい。Aさんは２０１５年10月の国勢調査時には既に亡くなっていましたが、もし生きておれば調査票にどのように記入したのでしょうか。それは永遠に分かりませんが、どちらに入ってもおかしくはない状態であったことは確かでしょう。

2　適用除外されるべき家事使用人はいま現在存在しているのか？

改めて振り返ってみましょう。２０２２年9月29日の東京地方裁判所判決で有料職業紹介所から派遣されて働いていたAさんに適用された労働基準法第１１６条第２項の家事使用人の適用除外条項は、それが１９４７年9月1日に同法第8条柱書但書に初めて規定されたときの立法者の意図としては、「同一の家に属する者」のうち血縁関係にない者を指しており、それを適用除外しようとするものでした。

これは、当時の一般的な用語法でいえば「女中」のことであり、労務供給事業者たる派出婦会から派出されてくる派出婦は、労働基準法施行規則第1条第2号により、労働基準法の適用対象であると明確に規定されていたのです。

とはいえ、先の国勢調査データに見るとおり、その数年後の１９５０年の段階においても、労働基準法が適用除外される女中が23万人を超えるのに対して、適用されるべき派出婦は1万3千人超に過ぎませんでしたし、『女中ッ子』が左幸子主演で映画化された１９５５年には女中が30万人を超えたのに対し、派出婦はなお2万人にも達しないという状況でした。当時の問題意識が前者に集まりがちであったことは当然であったと言えます。

ところがその後、女中／家事女中／家事手伝いというカテゴリーの女子労働者は急速にその数を減らしていきます。１９８０年にはまだ「家事手伝い（住込みの女子）」が２万人強、家政婦が２万人弱と、前者の方が若干多かったのですが、１９８５年にはそれぞれ１万５千人、２万８千人と、家政婦の数が家事手伝いの数を上回りました。その後もこの趨勢は続き、１９９５年の家事手伝い４６１７人という数字を最後に、かつて「女中」と呼ばれた存在が日本列島の中に何人いるのかという正確な数値は分からなくなりました。

　カテゴリカルには、「家政婦（夫）、家事手伝い」の中に含まれているという説明になりますが、そちらの数字も相当部分が紹介所が兼業している訪問介護事業の従事者にシフトしていったために21世紀になってからかなり急速にその数を減らしてきています。直近の２０２０年調査におけるこのカテゴリーに属する７２５０人のうちに、家政婦紹介所に所属している家政婦ではない純粋無垢の「女中」がそもそも存在しているのかどうか、はなはだ疑わしいところです。

　実は、第６章で述べたように、国勢調査には家政婦ではない女中の数を推定しうる項目があります。調査票の最後の就業についての調査項目ではなく、はじめの方の「世帯主との続き柄」の欄には、世帯主又は代表者、世帯主の配偶者、子、子の配偶者、世帯主の父母、世帯主の配偶者の父母、孫、祖父母、兄弟姉妹、他の親族と、世帯員の属性について事細かな選択肢が列挙されたその後に、「住み込みの雇人」という選択肢がちゃんと存在しているのです。そう、派遣されてくる他人に過ぎない家政婦と異なり、女中は主人の世帯の一員なのですから、就業に関する項目で女中の数が分からなくなっても、こちらの世帯に関する項目で女中の数を推定することはできるはずです。

　家事手伝いが４６１７人いた１９９５年に、住み込みの雇人は５万７６８７人いて、うち男性が３万４０２８人、女性が２万３６５９人いました。これが最新の２０２０年には住み込みの雇人が１万２９９２人いて、うち男性が７７９５人、女性が５１９７人となっています。１９９５年の女性の住み込みの雇人のうち家事手伝いが19・5％という割合であったことをそのまま25年後に延長して、２０２０年の女性の住み込みの雇人５１９７人に乗じて計算すると、１０１４人という数値が得られます。これは大変乱暴な計算ですが、当たらずと雖も遠からずの数字ではないかと思われます。

　ですから、本来適用除外されるべき家事使用人はいま現在存在しているのか？　という問いに対する答は厳密には不明としか言いようがないのですが、少なくとも１９９５年までの趨勢をその後の30年近くの期間に延長して考えれば、完全に絶滅したとまでは言えないにしても、職業カテゴリーとしてはほぼ消滅したと言ってよいように思われます。

ということは、労働基準法制定当時に、帝国議会で荒畑寒村や山崎道子が痛切にその保護を訴えていた家事使用人たる女中というのは、75年後の現在はほぼいなくなってしまったということになります。つまり、家事使用人の適用除外規定というのは、本来であれば既に名存実亡、規定はあれども適用すべき対象はいない、という状態になっているはずであったわけです。

にもかかわらず、労働基準法施行時には明確にその適用対象であった派出婦会から派遣されてくる派出婦たちの末裔である家政婦たちが、職業安定法の施行によってその所属元であった派出婦会が違法の存在とされてしまい、紆余曲折の末に有料職業紹介事業者たる家政婦紹介所から紹介されてきた者という世を忍ぶ仮の姿を身に纏《まと》わざるをえなくなり、その結果本来はそれに該当しないはずの家事使用人であるという烙印《らくいん》を押され、労働基準法や労災保険法の適用を剥奪されて、早くも70年の月日を閲《けみ》することになったわけです。「家庭に住みまして、家庭人の一員として生活をしておる」（吉武労政局長）がゆえに適用除外せざるを得ない本当の家事使用人はほとんどいなくなったにもかかわらず、派遣先の家庭に住んでもおらず、ましてやその家庭の一員になどかけらもなっていない家政婦を家事使用人扱いして、本来名存実亡しているはずの適用除外規定をゾンビの如くいつまでも生きながらえさせているという事態は、控えめに言っても奇妙なことだといわなければなりません。

そして何よりも重大な問題は、この問題の当事者の誰一人として、そう、家政婦過労死事件の原告側も被告側も裁判官も、数多い労働法学者や労働経済学者も含めた労働関係者の誰一人としてこの皮肉きわまる構造を認識すらしていないということなのです。

3　法律学的知恵を絞ってみても

本書の目的は、このいま現在に至るまで誰一人として認識してこなかった家事使用人概念をめぐる女中と家政婦の変遷の皮肉きわまる構造を明らかにし、読者に問題意識を共有していただくことにあります。ですから、以上でその目的は達せられています。このねじれにねじれきった奇怪なゴルディアスの結び目をどのように解きほぐしていけばいいのかについては、読者自らがそれぞれに考えていただきたいところです。それこそが最も重要なことです。

まず、家政婦過労死裁判の原告側弁護士が主張するように、労働基準法第１１６条第２項の家事使用人の適用除外条項は憲法違反だから無効だという主張が考えられます。あるいは、憲法に違反するような条項はさっさと削除するように法改正をすべきだという議論もありうるでしょう。

これはこれで一つの筋の通った議論ではありますが、労働基準法制定時にもその当否について審議会や帝国議会で議論があり、その結果としてこの規定が設けられ、適用されてきたという事実の重みは大きいものがあります。少なくとも、家庭に住み、家庭の一員として生活する女中については、問題点はあるけれども適用除外すべきだという政策判断が75年前に国政レベルでなされていることは確かなのです。それをひっくり返すのは理屈立てとしてはなかなか難しいものがあります。

しかしながら、そういう労働基準法制定時に想定されていた女中タイプの家事使用人は減少に次ぐ減少を続け、正確な数字は分かりませんが、現在はほぼ消滅したといっていい状況です。だとすれば、当該規定が想定していた労働者カテゴリーがほぼ消滅したために、当該規定を置く意味がほぼなくなったとして削除することは、理屈としても特におかしなものではないといえるのではないでしょうか。

とはいえ、法改正には国会に法案を提出し、それが衆参両院で可決される必要があります。この規定を残したままで、事態を改善する道はないでしょうか。一番簡明で筋道も通っているのは、現在の家政婦紹介所から「紹介」と称して実のところは派遣されてくる家政婦たちは、労働基準法第１１６条第2項に規定する「家事使用人」に該当しないという風に、解釈を変更することです。そもそも、労働基準法施行当時は彼女らは派出婦会の派出婦であって家事使用人ではなかったのですから、それを家事使用人だと勝手に解釈を変更したことの方がおかしかったのです。

序章で述べたように、私が東京大学労働判例研究会で本件の判例評釈を行ったときには、そもそも労働基準法施行時に家事使用人でなかった家政婦が、雇用主が派出婦会から個人家庭になったからといって、直ちに家事使用人になるということはありえないという指摘がされました。私も全くその通りだと思います。労働行政が長年家政婦を家事使用人だと解釈し続けてきたことは、誤った解釈であったというべきです。過ちを改むるに憚る必要はありません。家政婦は家事使用人に非ずという正しい解釈をすべきでしょう。

ただ、労働基準法を適用できるかという観点からすると、問題はその先にあります。１９９８年改正前の労働基準法第8条柱書本文は、「この法律は、左の各号の一に該当する事業又は事務所について適用する」と規定してありました。そうすると、労働基準法が適用されるのはあくまでも事業や事務所であって、事業に当たらないような個人や家庭が人を雇用しても、労働基準法は適用されないということになります。

派出婦会はこの「事業」に当たるからわざわざ労働基準法施行規則第1条第2号で規定されたのであって、雇用主が一般家庭だということになれば、家政婦は適用除外される家事使用人には当たらなくても、雇用主が事業でないからという理由で、やはり家政婦に労働基準法は適用されないということになってしまいそうです。

ところが、今その根拠として挙げた労働基準法第8条というのは、今まで述べてきたように1998年改正で削除されてしまっています。ですから、現在の労働基準法の規定上には、一般家庭が事業ではないからという理由で、家事使用人ではない家政婦をわざわざ適用対象から排除する根拠はなくなってしまっている、ということもできそうです。どうでしょうか。ところが（何回も話を振り回して恐縮ですが）、第8条は削除されても、その次の第9条と第10条はそのまま生きています。

（定義）
第九条　この法律で「労働者」とは、職業の種類を問わず、事業又は事務所（以下「事業」という。）に使用される者で、賃金を支払われる者をいう。

第十条　この法律で使用者とは、事業主又は事業の経営担当者その他その事業の労働者に関する事項について、事業主のために行為をするすべての者をいう。

労働者の定義からしても、使用者の定義からしても、事業ならざる個人家庭に雇用される家政婦は、家事使用人ではなくてもやはり労働基準法の適用範囲には含まれないということになりそうです。さてどうしましょうか。

私が考えたのは、家政婦紹介所の実態に即して、家政婦紹介所を使用者とみなして労働基準法を適用すれば良いのではないか、というものです。あるいは、契約は請負であっても就業の実態が労働者派遣であれば偽装請負として労働者派遣法が適用されるという法理を類推適用して、契約は職業紹介であっても就業の実態が労働者派遣であるから労働者派遣法を適用し、労働基準法や労災保険法は原則として派遣元である紹介所に適用されるという論理構成も可能だと思われます。

ただ、当事者の認識が全くそうなっていないことが最大のネックです。戦後70年にわたり、派出婦会を家政婦紹介所と呼び、派出行為を紹介と呼び続けてきたことによって、その真の姿はもはや誰の目にも見えないものになってしまっているので、本人たちがそのような訴えを起こすということは全く考えられなくなっています。

4　家事・介護派遣というもっともまともな解法

ゴルディアスの結び目を解きほぐすのはなかなか難しいようです。しかし、アレクサンドロス大王よろしくスパッと結び目を叩き切ってしまうたった一つの冴えたやり方があります。家政婦紹介所を使用者とみなすのではなく、使用者にしてしまうのです。本来の在り方に基づいて。

　改めて終戦直後の時期に戻ってみましょう。なぜ派出婦会は禁止され、家政婦紹介所という世を忍ぶ仮の姿を身に纏わなければならなかったのでしょうか。職業安定法により労働者供給事業が全面禁止されたからです。有料職業紹介事業も厳しい規制下に置かれましたが、省令で定める一定の職業については細々と事業を行うことが認められたために、いわばそちらに緊急避難して事業を継続することができたわけです。

　ところが前述のように、１９８５年の労働者派遣法の制定によって、それまで全面禁止されていた労働者供給事業のうちから、弊害の少なく一定の要件に合致するものが労働者派遣事業として切り出して合法化されました。当初はファイリング、事務用機器操作など

13業務でしたが、次第に対象業務が増えていき、１９９９年の労働者派遣法改正により、いわゆるネガティブリスト方式に移行し、禁止業務以外のどの業務も労働者派遣事業の対象にすることができるようになったのです。

　同じ年の職業安定法改正により、有料職業紹介事業の方もネガティブリスト化しています。この改正による禁止業務は、建設業務や港湾荷役業務のように、かつてやくざが人夫供給を牛耳っていた業界だけです。ちなみに、山口組といえば広域暴力団だと思われていますが、その原点は神戸港の港湾荷役の人夫供給業から始まっています。

　この１９９９年改正の原動力は、１９９７年に行われたＩＬＯ第１８１号条約の制定にありました。それまで労働市場仲介ビジネスに極めて否定的な姿勢を堅持してきた国際労働機関（ＩＬＯ）が、スウェーデンなど国際労働基準の優等生が旧来の禁止・規制的な条約を破棄し始めたため、慌てて民間雇用仲介事業を正面から認める新条約の制定に追い込まれたのです。ちなみに、この新条約の審議の際、私はベルギーのブリュッセルで欧州連合日本政府代表部に一等書記官として勤務していましたが、ＩＬＯ総会への出張を命ぜられ、この議題を扱う委員会に日本政府顧問として出席していました。

　１９９０年代前半、まだネガティブリスト化する前の労働者派遣法時代に、介護業務を行う家政婦を職業紹介から労働者派遣に移そうという意見があったことは前に紹介しました。しかし、この時は労働側の反対が強く、派遣の対象業務に介護を追加するという試みは失敗しています。しかしその後1999年にネガティブリスト化したことで、介護にしろ家事にしろ、労働者派遣で行うことを禁止する根拠は一切なくなりました。少なくとも派遣のネガティブリストには介護も家事も含まれていません。やろうと思えば今すぐにでもやれるのです。

労働者派遣事業とは、かつて禁止されていた労働者供給事業のうち弊害が少ないとして認められたものです。ということは、職業安定法で労働者供給事業が禁止される前に職業紹介法で労務供給事業が許可制で認められていた時代の派出婦会は、そのもっとも優良な候補であったはずです。そして、家政婦紹介所という仮面を被らされた派出婦会をその本来の姿に近づけて労働者派遣事業者として位置づけることによって、労働基準法施行規則第1条第2号に長らく規定されてきた労働基準法適用事業たる派出婦会という存在が、堂々とその真の姿を世に見せることができるようになるはずです。

この解法には法改正も省令改正すら必要ありません。労働基準法第116条第2項の家事使用人の適用除外規定はそのまま残りますが、それが適用される純粋無垢の女中という存在は、この日本列島の上にはもはやほとんど存在しなくなっています。国勢調査上では1万人を切っていますが、訪問介護従事者を兼ねているAさんのような人を含めれば20万人以上になるかも知れない家政婦（夫）たちは、家事・介護派遣事業者に雇用される労働者として、労働基準法のすべての規定と労災保険法を堂々と適用されるようになります。

この解法の最大のメリットは、それが（70年前のような）真の姿を覆い隠すためのねじけた対応策ではなく、そのビジネスモデル上の真の姿に法制度上の枠組みを合わせようという素直なものであるという点にあります。今から１０５年前に大和俊子が始めた派出婦会というニュービジネスが、よく似たビジネスモデルの悪辣な人夫供給業と一緒の規制の下に置かれた挙げ句、弊害の有無も考慮されることなくもろともに禁止されてしまい、身の丈に合わない有料職業紹介事業という拘束衣を着せられて70年、ようやくその本来の姿に見合った衣裳を纏《まと》うことができるようになったのです。そうしない理由などないはずです。

終章　「正義の刃」の犠牲者

1　本書が解き明かしてきたこと

最後に、本書で解き明かしてきたことをまとめておきましょう。

労働基準法が適用されない労働者である家事使用人とは、いわゆる女中のことでした。女中とは、血のつながりはないけれども家の一員として家父長の支配下にあり、起きてから寝るまで主人の命令に従って無限定の労働義務が課せられた存在で、その「封建的」な性格のゆえに労働者保護を及ぼすことが困難として労働基準法が適用除外されたのです。ちなみに、近世ドイツでも債権契約たる雇用契約とは別に身分契約たる僕婢契約（ゲジンデ・フェアトラーク）というのがありましたが、第一次大戦直後の１９１８年に廃止されています。

これに対して、現在ほとんどもっぱらそれのみが家事使用人だと思い込まれている家政婦とは、それとは全く逆の存在でした。すなわち、特定の家事業務を時間単位で切り売りするビジネスとして、奇しくも同じ１９１８年に、東京府東京市四谷区で、大和《おおわ》俊子という名の一銀行員の妻が始めた「派出婦会」というニュービジネスがその出発点だったのです。

起業の動機は、暇をもてあました専業主婦の「私も働きたい！」という強い思いにありました。そしてそれを推進したのは、羽仁もと子らリベラルな進歩的文化人の言説でした。

彼女のビジネスの成功を見て参入者が続出し、中身も「主婦代わり」から「女中代わり」になっていき、大和俊子自身の働きかけもあって東京府では警視庁令で派出婦会取締規則が制定されるに至りました。

　営利職業紹介事業の規制が府県レベルから国レベルの法律に格上げされていったように、派出婦会の規制も同様の道筋をたどっていくはずでした。ある意味ではそれは実現しました。１９３８年の改正職業紹介法による労務供給事業として許可制の下に置かれたからです。しかしながらそれは、社会的に正反対の性格のダークなビジネスとひとくくりにされる形での規制でした。

　ダークなビジネスというのは、やくざまがいのピンハネ親方による労務供給請負業のことです。若き日の矢次一夫や吉田英雄が経験した人夫供給業の悪逆無道さは、当時の行政官も「殲滅を期すべき」と論ずるほどのものでした。上層中流階級の主婦層のアルバイト就労から始まり、封建的な家父長制の下で呻吟していた女中たちから憧れのまなざしで見られていた派出婦たちと、監獄部屋で搾取と収奪にあえいでいた人夫たちとを、まったく同じ法的枠組みの中に放り込んでしまったのが、１９３８年の労務供給事業に対する規制だったのです。

戦前の行政官が望んだ労務供給請負業殲滅の「正義」を実現したのは、敗戦下の日本で絶対的権力を振るったＧＨＱの一担当官コレットでした。彼は決して事情もよく分からないままやみくもに労働者供給事業の禁止を押しつけたわけではありません。各地の人夫供給業の実態をよく調べ、非民主的で封建的な苦力《クーリー》制度を除去するという「正義」の旗手として「正義の刃」を振り下ろしたのです。ただ、彼の目には、その刃を振り下ろした場所に、人夫供給業と法的にバンドリングされた派出婦会があることはよく見えていなかったようです。

2　家政婦たちの真の歴史

こうして、何ら社会的な害悪はなく、むしろ多くの女中たちにとっては憧れの的であったはずの派出婦会は、悪逆無道の人夫供給業を殲滅する「正義の刃」によって非合法化されてしまいました。今まで通り事業を行えば犯罪となり刑罰を科されます。実態を分かっている日本政府の役人たちも、労働組合に仕立て上げようとしてうまくいかず、公共職業安定所でやろうとしてやはりうまくいかず、結局ごくわずかの専門職についてのみ容認されていた有料職業紹介事業という枠組みに放り込むことで、なんとかその生き残りを図ったのです。

しかしながらこのサバイバル作戦には恐るべきおまけが付いてきました。派出婦会という形であれば労働基準法の適用対象事業としての労働者保護がもれなく付いてきたはずなのに、それは単なる斡旋機関に過ぎず、使用者は紹介先の個人家庭だという法的フィクションを被らざるを得なかったために、封建的で家父長的支配下の女中となんら変わらない家事使用人にされてしまい、本来与えられていた労働基準法の保護をことごとく剝奪されてしまったのです。

彼女ら家政婦こそは、コレットの「正義の刃」の思わざる犠牲者というべきでしょう。誰も罪なき彼女たちをひどい目に遭わせようと思っていたわけではありません。日本社会の民主化のために悪逆無道の人夫供給業者たちを懲らしめてやらねばならないという彼の信念自体には、今の時点から振り返ってみても責められるべき点は見当たりません。しかしながらその切れ味のはなはだ鈍い「正義の刃」は、生まれてから30年足らずの輝いていたニュービジネスを、伝統的な女中の世界に叩き込む鉄槌の役割を果たしたのです。

それから75年の月日が経ち、この経緯を憶えている者は誰もいなくなってしまいました。2年ごとに部署をころころと変わっていく役人たちは、１９５０年代において既にその健忘症を露呈しています。労働法学者も労働関係者も、この間誰一人として彼女らに対してこれっぽっちの関心すら寄せることはありませんでした。そして、本書執筆の発端となった家政婦過労死事件が起こった時、原告側も被告側も裁判所も、そして日本社会の誰一人として、彼女らが本来は家事使用人ではなかったのだという真実にはかけらも気がつかない状態にあったのです。

「正義の刃」の犠牲者であった家政婦たちの真の歴史を描いた書物は今まで一冊もありませんでした。本書は長らく放置されてきた彼女たちの歴史を初めて明らかにしたものです。小さな本ですが、多くの人々に読まれて欲しいと、切に願っています。

あとがき

本書執筆の直接的なきっかけは、「はじめに」に書いたように、２０２２年9月29日の家政婦過労死裁判の判決でしたが、そのときに家政婦が家事使用人ではないとすぐに反応できたのは、ちょうどその前後に日本の労働市場仲介ビジネスの歴史をまとめつつあったためです。

これは、２０２２年3月の職業安定法改正を契機として、これまでまとまった研究書の存在しないこの分野に、資料集的な意味も含めて通史を書こうとしたもので、２０２３年3月に『労働政策レポートＮｏ．14　労働市場仲介ビジネスの法政策―職業紹介法・職業安定法の一世紀―』（労働政策研究・研修機構）として公表しています。江戸時代の紹介業者千束屋《ちづかや》から始まって、20世紀前半に人材ビジネスが次第に規制・禁止されていき、20世紀後半に次第に規制緩和・自由化されていく政策プロセスを、膨大な資料をほぼそのまま掲載しつつ描き出していますので、家政婦問題に限らず、この分野に関心のある方々にはぜひ一読をお願いします。

しかし、変転極まりない人材ビジネスの歴史の中でも、そのねじれっぷりにおいて派出婦会から家政婦紹介所に至る推移を超えるものは見当たりません。一銀行員の妻が始めた暇な専業主婦の派遣業から始まり、「女中代わり」のニュービジネスとして急拡大する中で、戦時下にはピンハネ親方の人夫供給業と同じ規制の下に置かれ、戦後ＧＨＱの命令で弊害もないのに禁止された挙げ句、元々異なるビジネスモデルであった有料職業紹介事業という仮面を被らされ、その結果労働基準法や労災保険法の保護を剝奪されてしまうという、波瀾万丈の物語です。

しかしながら現在、家政婦紹介所に関わる人々のうち誰一人として、本書で述べ来たったような歴史を承知している人はいないのではないかと思われます。今まで誰も書かなかった家政婦たちの真の歴史を描いた初めての書として、心ある人々に読まれることを期待しています。

本書の成るに当たっては、『働く女子の運命』の時と同様、文春新書編集部の鳥嶋七実さんに大変お世話になりました。というより、全然別件で彼女とお昼をご一緒していた時、たまたま執筆中であった上記『労働市場仲介ビジネスの法政策』の中の家政婦の話をしたところ、「それでいきましょう！」の一言で背中を押していただいたから、今この本があるのです。家政婦という大変狭い覗き穴から見たものですが、これも一つの日本女性労働史の試みだと思っています。

濱口桂一郎（はまぐち　けいいちろう）

1958年大阪府生まれ。東京大学法学部卒業。労働省、欧州連合日本政府代表部一等書記官、衆議院調査局厚生労働調査室次席調査員、東京大学客員教授、政策研究大学院大学教授、労働政策研究・研修機構の主席統括研究員を経て労働政策研究・研修機構労働政策研究所長。日本型雇用システムの問題点を中心に、労働問題について広く論じている。著書に『新しい労働社会――雇用システムの再構築へ』（岩波新書）、『日本の雇用と労働法』（日経文庫）、『若者と労働――「入社」の仕組みから解きほぐす』（中公新書ラクレ）、『働く女子の運命』（文春新書）、『ジョブ型雇用社会とは何か――正社員体制の矛盾と転機』（岩波新書）ほか多数。

文春新書

1414

家政婦《かせいふ》の歴史《れきし》

2023年7月20日　第1刷発行

著　　者　　濱　口　桂一郎
発 行 者　　大　松　芳　男
発 行 所　株式会社　文　藝　春　秋

〒102-8008　東京都千代田区紀尾井町3-23
電話（03）3265-1211（代表）

印 刷 所　　理　想　社
付物印刷　　大 日 本 印 刷
製 本 所　　大 口 製 本

定価はカバーに表示してあります。
万一、落丁・乱丁の場合は小社製作部宛お送り下さい。
送料小社負担でお取替え致します。

ISBN978-4-16-661414-1